本书系河北省社会科学基金项目"跨语言文化视角下中国文化对接一带一路海外传播研究"（HB19YY024）的研究成果

跨文化视角下的交际与传播研究

周莉莉 吴 蕊 著

北京工业大学出版社

图书在版编目（CIP）数据

跨文化视角下的交际与传播研究 / 周莉莉，吴蕊著 . ——
北京 ：北京工业大学出版社，2021.9（2022.10 重印）
ISBN 978-7-5639-8137-3

Ⅰ ．①跨… Ⅱ ．①周… ②吴… Ⅲ ．①文化交流－研
究②文化传播－研究 Ⅳ ．① G115 ② G0

中国版本图书馆 CIP 数据核字（2021）第 201560 号

跨文化视角下的交际与传播研究

KUAWENHUA SHIJIAO XIA DE JIAOJI YU CHUANBO YANJIU

著　者： 周莉莉　吴　蕊
责任编辑： 李倩倩
封面设计： 知更壹点
出版发行： 北京工业大学出版社
　　　　　　（北京市朝阳区平乐园 100 号　邮编：100124）
　　　　　　010-67391722（传真）　　bgdcbs@sina.com
经销单位： 全国各地新华书店
承印单位： 三河市元兴印务有限公司
开　　本： 710 毫米 ×1000 毫米　1/16
印　　张： 9.25
字　　数： 200 千字
版　　次： 2021 年 9 月第 1 版
印　　次： 2022 年 10 月第 2 次印刷
标准书号： ISBN 978-7-5639-8137-3
定　　价： 60.00 元

作者简介

周莉莉，女，2009 年毕业于燕山大学外国语学院，同年入职邢台学院，从事英语教学工作。先后发表英语教学及跨文化交际论文 10 余篇；主持河北省社科规划项目 1 项，邢台市社科规划项目 3 项，邢台市社会发展课题 1 项，邢台学院课题 1 项；参与河北省社会发展课题 1 项，邢台市社科规划项目 4 项。

吴蕊，女，毕业于中国政法大学，邢台学院讲师，从事英语教学工作。先后发表本领域论文 10 余篇；主持邢台市社科规划项目 2 项，邢台市社会发展课题 1 项，邢台学院课题 1 项，邢台学院教改课题 1 项；参与河北省社会发展课题 2 项，邢台市社科规划项目 3 项。

前　言

从人类文化形成以来,不同的文化群体之间就出现了各种形态的跨文化交往。经过岁月的积淀,今天的人类面对着纷繁复杂、丰富多彩的跨文化交往的同时,也必然面对诸多的跨文化冲突。随着经济全球化的发展,跨文化传播也因此日益受到重视。

当今时代,一切都在发生急剧的变化。我们无论做什么事都需要审视一下我们所处的这个时代的发展大趋势。当今的时代被称为经济全球化的时代,经济全球化总是使我们联想到文化多元化、跨文化交际和多样性共存等词语。不同母语背景的人与人之间的交流不仅仅是语言的交流,也是文化的交流,而文化的多元化常常是彼此交流的障碍。

多元文化时代的到来使世界各国的交流日益频繁,很多人处在跨文化交际的语境中,不同国家的人以多种不同的方式和渠道借助语言进行交流。如何在跨文化语境中进行有效的交流已成为近年来外语学界关注的一个重要课题。对于外语学习者而言,他们在习得一种语言时也在习得一种文化。

本书由周莉莉和吴蕊共同完成,其中周莉莉负责撰写第一章、第五章、第七章,计10万字;吴蕊负责撰写第二章、第三章、第四章及第六章,计10万字。

笔者在撰写本书的过程中,参阅了很多相关的文献资料,在此谨向涉及的作者表示衷心的感谢。由于笔者水平有限,书中内容难免存在不足之处,敬请广大读者批评指正,以便进一步修订和完善。

目　录

第一章 概论

第一节 文化教学

语言教学在中国可谓历史悠久。古人学习四书五经是为了使自己的语言精练、犀利、富于思想。随着社会的进步与发展，国际交流的机会增多，掌握一门或几门外语已成为衡量人才的一个必要条件，外语教学也随之得到发展。早期的中国外语教学工作者对外语教学理论的探讨并不深入。然而，经过时间的验证，人们发现单纯学习语言已不能满足跨文化交际的需要。因为语言是一种交流工具，学习语言的最终目的是交际。在真实交际中，人们仅掌握语言知识，即语法正确、语音标准是不够的，人与人之间的交往在很大程度上还会受文化的影响和制约。

一、文化教学的目标与内涵

文化教学致力于传授与交际有关的文化知识，也就是研究两种社会文化的相同和不同之处，使学生对文化差异有较高层次的敏感性，从而达到成功交际的目的。文化意识和跨文化交际能力的培养不仅需要教师的帮助和引导，还需要教师在外语课堂教学过程中，把文化教学融入其中。传统意义上的文化教学是指教师教授目的语国家的历史、地理、文学、艺术以及影响人们理解文学艺术作品的背景知识。

文化教学不仅要求教师讲授不同国家的文化现象或者传授给学生一些文化事实，还要培养学生的跨文化交际能力。学生如果只是死记硬背一些文化事实，往往会在跨文化交际过程中出现因循守旧、不擅变通的问题，因为文化不是一成不变的。只有真正掌握跨文化交际的原理和技巧，才能以不变应万变，达到得心应手地进行跨文化交际的目的，这才是文化教学的真正内涵。

二、文化在语言教学中的重要性

外语能力包括语法能力、交际能力、文化能力等。无论对于研究者还是普通外语学习者来说，文化能力，即掌握有关风俗、习惯、信仰和意义的知识的能力，已成为外语能力不可分割的一部分。许多教师已经把文化教学作为一个教学目标融入语言课程中。在过去十年中，已经受到足够重视的交际能力强调"语境"的作用，交际者应该在不同情境中得体地运用语言。语境蕴含着文化规则，发生在具体语境中的交际行为受文化的限制，所以实现有效、得体的交际要求交际者既能够了解语言的语法知识（语法能力），又能够解读语境暗含的文化意义（文化能力），两种能力相互补充形成交际能力。

把语言仅仅当作一种符号，只学习语法规则无疑是一种错误的观念。在某种程度上，交际者如果只对与语言有关的社会动态予以关注，而不能对社会和文化的结构有深远的洞察力，可能会在跨文化交际中产生误解。所以，在外语课堂中，教师应该注重文化的教学。

文化语用失误比单纯的语言错误更容易在跨文化交际过程中造成不良影响。因为受话者很容易发现表面的语言错误，如语法错误、语音不准确等，一旦发现这种错误，受话者会认为，说话者缺乏足够的语言知识，可以谅解，甚至会对说话者敢于交谈的勇气表示钦佩。而对于文化方面的语用失误来说，受话者却不会像看待语法错误那样看待这一失误。因为，一个能说一口流利外语的人如果出现语用失误，很可能会被认为缺乏礼貌或不友好。交际中的文化语用失误不会被归于语言能力的缺乏，而会被看作粗鲁或敌意。所以，外语学习者在学习一门语言时不应忽视目的语文化。随着文化在语言习得中的重要性逐渐被肯定，语言教学研究者和工作者开始进一步探讨如何能够有效地在外语教学过程中加入文化知识，于是就产生了"文化教学"这一概念。第二语言教学的目的主要是培养学生把语言作为交际工具的能力。不同文化层上的语用失误贯穿于外语学习和使用的每个阶段，因此，不同阶段的语言教学应与不同层次的文化教学有机地结合起来，从而建立一个相应的文化认知系统，以使学生的外语水平得到全面提高。

三、文化教学的原则

鉴于文化概念的复杂性和文化内容的广泛性，教师在语言教学中添加文化教学内容或者加入文化知识时应该遵循一定的教学原则。

（一）实用性原则

所谓实用性原则是指文化教学应结合语言实际。由于文化是不断变化的，所以文化教学内容应是"共时"文化。在文化教学过程中，教师应尽量将文化背景知识具体化、形象化，避免过于抽象的讲解，否则会使学生认为文化内容与日常交际脱钩、无实际应用价值。只有所学的文化内容与日常生活交流所涉及的主要方面密切相关，才能激发学生学习外语的兴趣。

（二）阶段性原则

阶段性原则实际上就是指文化教学的内容应遵循"由浅入深、循序渐进"的原则。由于学生的语言水平、接受能力因年龄而异，所以教师在文化教学内容的选择上应遵循"由简单到复杂、由现象到本质"的原则，先从表层文化入手，再逐渐教授价值观念、宗教本质等深层文化。

（三）适度性原则

课堂所讲的文化知识点必须与课文内容密切相关。如果脱离课文讲文化，则冲淡了语言教学的目标，其结果是既讲不好文化，又教不好语言。文化是包罗万象的，教师应鼓励学生进行大量课外阅读，增加学生的文化积累，以培养学生自主学习的能力，使其终身受益。

四、文化教学的内容

实际上，文化教学应该贯穿于语言教学的每个阶段。语言教学既然最终以语用为目的，就必然涉及语言文化的教学。文化因素与语言形式的难易并不一定成正比，简单的语言形式也可能导致语用与文化方面的问题。教师在教学中要自始至终注意结合语用和文化因素，把语言形式置于社会语用功能的背景下进行教学，就能使语言知识富有生命力，使学生逐步提高跨文化交际能力。在教学中，教师应以系统性为原则让学生学习较为全面的文化知识，为提升学生的跨文化交际能力奠定扎实的基础。具体到课堂教学，文化教学包括以下四点内容。

（一）语言词汇的文化内涵

语言词汇是最明显的承载文化信息、反映人类社会文化生活的工具。词汇是语言的建筑材料，是理解文化的基础，也是学生在听力、阅读等方面的主要障碍。文化意义是指某一文化群体对某一客体本身所做的主观评价，同一客体在不同文化中产生的联想意义不同。语言词汇在文化上的差异是学生学好外语的一大障碍，因此，在词汇教学中，教师要注意词语的文化意义在目的语和母语之间的对比。

（二）文化背景知识

背景知识是目的语文化的重要组成部分。研究表明，在阅读过程中，理解文章的关键在于正确地使用已有背景知识去填补文中一些非连续的空白，使文中其他信息连成统一一体。例如，对学习英语的学生来说，英语语言国家的民族文化、社会行为模式、历史、地理等方面的知识是学生产生合理推测和联想的基础，有助于其更好地理解英语文章的含义。

（三）目的语的交际习惯和行为方式

文化制约着人们的一切行为，包括语言行为。不同文化背景的人有不同的交际习惯和行为方式。在教学中，教师要注意培养学生对目的语与母语在交际习惯和行为方式差异方面的敏感性，提高学生的跨文化交际能力。

（四）价值观念和思维方式

在跨文化交际中，由于交际双方都有各自的价值观念和思维方式，所以经常出现矛盾和冲突，导致跨文化交际难以顺利进行。价值观是任何社会和文化中的人们生活的准则，思维方式和道德标准是文化的核心内容。东西方截然不同的价值观对不同语言赋予不同的文化内涵。

五、文化教学的模式

要有效地开展文化教学，必须先找到行之有效的教学方案或方法。事实证明，教师不可能在讲每一个语言项目时把与之相关的所有语用功能全部介绍给学生，这是违反认知规律的。目前我国外语教学的弊病之一就是教师不厌其烦，力求一次讲全、讲透，在介绍一个新语言项目时，往往以点带面。应试教育和结构主义理论的影响更起到了负面作用。

将文化引入教学是一次由"传统"向"科学"改革的重要尝试。早期的语法翻译法在外语教学中的效度越来越受到语言教学者和教学研究者的质疑。语言学和心理学的发展别开生面地为语言教学提供了科学的理论依据。人们开始意识到语言本身和语言的使用情境是不可分割的，形式和意义应当在语言的使用过程中同时存在。

人类学和社会学的发展也为文化教学开辟了新的方向。在第二次世界大战期间，受人类学和社会学的影响，"地域学"在美国许多大学涌现出来。20世纪

40 年代前后，很多西方工业国家的人类学家采用实地调查的方法对土著文化进行研究，取得了大量成果。与此同时，社会学和社会心理学的进展速度也相当可观，其研究成果与人类学的研究成果被一起应用到文化教学中。

交际教学是在欧洲流行起来的，美国的"语言革命"对欧洲的语言教学产生了极大的影响，如何发掘语言的功能和交际潜力成为语言学家关注的焦点。欧洲共同体的形成也成为交际教学在欧洲发展的助力器。20 世纪 60 年代中叶到 20 世纪 70 年代初期，随着各国相互依赖关系的日益强化，欧洲共同体的协同经济发展使就业机会大大增加，一些国家出现技术人员与劳工缺乏的问题，于是这些国家便通过吸引共同体内他国移民的方式来解决这一问题。怎样帮助移民劳工在新的文化环境中立足，在最短时间内有效地掌握所在国的语言文化成为迫切需要解决的问题。于是在欧洲委员会的鼓励下，语言学家开始研究语言学习系统。

交际法虽然起源于欧洲，但很快就被北美和大洋洲的学者所接受，到了 20 世纪 70 年代，已扩展到世界各地。与兼并式教学法相比，交际法的"文化部分"已不再局限于文化知识的介绍和讲解，与目的语相关的文化教学是通过让学习者模拟外国人在交际中使用目的语来实施的，交际中的文化主要表现为语言行为。交际法强调了语言的社会功能，自然地将文化教学和语言教学联系在一起。语言和文化通过交际行为的自然融合，解决了人们对兼并式教学法中文化是否需要用目的语讲解的疑问。

多元文化互动综合模式将培养学生解决问题的能力放在首位。这种以能力为本的教学将"知识"和"行为"有机地联系起来，反映出它们之间相辅相成的动态关系和发展机制。虽然该模式基于后结构主义理论，不强求统一的教学方法，但并不代表这一模式的文化教学可以毫无规矩。不同的国家有不同的国情和发展规划，有针对性地选择目的语文化，将之与本族文化进行对比和研究，在教师的引导下，不断增加师生之间的互动，使学生在学习知识的同时增强交际能力，这才是这一模式所追求的目标。

第二节　交际的基础理论知识

"交际"是一个特别古老的概念，来源于拉丁语，意为"共享""共有"。因此，"共享"和"共有"是交际的前提，也是交际的目的。通过交际，人们可以共同拥有更多的"共享"和"共有"的东西，如知识、技能等。在交际中，具有同一文化背景的人们可以进行有效的交流。而因为共享有限的文化背景，来自不同文化中的人们在交流时常常会产生沟通的障碍。

一、交际的定义

《孟子·万章下》："敢问交际，何心也？"朱熹集注："际，接也。交际，谓人以礼仪币帛相交接也。"据此意义，该词后来泛指社会各阶层成员间的往来应酬。《现代汉语词典》将"交际"定义为"人与人之间的往来接触"。

随着交际学在美国的兴起、发展和逐渐成熟，"交际"的概念连同这门学科一起被迅速地传播到各个国家。本书所提及的"交际"一词，主要是指英语中的"communication"（交流）。不同语言间、不同文化层面的比较就是帮助不同文化背景下的人们在跨文化交际中相互了解，获得更多"共有"和"共享"的共同点，从而消除人们在跨文化交际过程中所面临的重重障碍。

二、交际的特征

基于交际的定义，我们知道交际通常指人与人之间相互作用的过程，这个过程由传递方、接收方、信息等因素构成。

（一）交际是一个运用符号的过程

特定符号能够表达一定的意义，这是因为一个群体的成员对某一符号所代表的意义已经达成了相对一致的看法。在这里，符号可以是一个动作、一个眼神、一件物品或是一句话，它是表达意义的有效单位。来自同一文化背景下的两个人比较容易通过交流达到交际目的，因为他们对同一符号的表述意义有着极为相近或相似的理解，但他们的理解绝对不是一模一样的。但对于来自不同文化背景的人们来说，他们对同一个符号可能会有大相径庭的理解，从而产生交流上的不顺畅。

（二）交际是一个传送和解释信息的过程

一个交际过程的组成因素包括传递方、接收方和信息等。由一系列特定符号形成且表达一定意义的符号群所传递的就是"信息"。信息传送是指将思想、情感或态度等转换成他人可以理解的形式的过程。其中，传送信息的形式既可以是书面的，也可以是非语言的；解释信息是指根据一定的环境理解信息所承载的意义，其存在是由于信息接收者对信息的不同理解。因此，同一文化背景下的不同交流者对同一信息有不同的理解，信息的传送者和接收者对信息就会有不同的会意。而对信息理解的不同就决定了交际是否成功、是否会出现较大障碍、是否会导致交际无法继续进行。此外，在传递方和接收方进行的交际中，信息的传送和解释不是一个静态的过程，而是一个动态的过程。同时，交际还是一个不可逆转的过程，也就是说，一旦发出的信息被对方接收后，就不能反悔重来了，即便经过修正后重新发出，对接收者来说，那也不是原来的信息了，而是一个新信息。也就是说，交际的过程一旦完成，就是一个不可撤销的完成时行为。这个过程不存在删除键。

（三）交际是一个共享意义的过程

在交际中，传递方和接收方传送和接收的是一系列符号所表述的信息，也就是说，信息可以被传递，而信息的意义则取决于传递方和接收方的理解和会意，因为它的意义受到众多因素的影响和制约，如交际双方的文化取向、社会地位以及交际发生的场合等。成功的交际过程要求发送者在发送信息时，必须将他要表达的意义赋予特定的"符号串"，同时，还需要考虑到信息发送的环境、方式、渠道等因素，接收者通过接收"符号串"的过程来获取信息的意义。此时的信息虽然与发送者所要传递的意义有一定的误差，但是仍然可以看作发送者和接收者所共享的意义。因此，交际是信息发送者与接收者共享意义的一个过程。

（四）交际是一个有规律可循的过程

交际可以分为语言交际和非语言交际。语言交际需要遵循一定的语法、语用和语篇规则，非语言交际也必须遵循一定的社会文化规则，这就导致不同文化背景下的人在进行交际时，往往因为上述规则的不同而使交际变得举步维艰。但是，只要双方掌握了这些不同文化背景下的不同社会文化规则，就一定能够实现有效的跨文化交际活动。此外，根据交际活动的规律性，交际双方可以预测交际行为的结果，预测的准确程度取决于他们对交际因素的掌握程度。在同一文化背景下，人们的交际会遵循同一套规则，因此更容易预测交际行为的结果；而不同文化间的人们在交际时遵循的可能是两套不同的规则，或者一方对另一方的规则不太熟悉，这些都会导致交际者在交际时出现一定的障碍。但交际又具有适应性的特点，处于交流中的人总会有意无意地尽力去适应对方、适应各种外界的社交环境。

三、交际的模式

信息的交际大概可以分为四个层次：人际交流、组织交流、大众传播和群体交流。本书涉及的主要是交际的第一个层次，即人际交流。

1948年，美国的政治学家拉斯维尔最早提出信息交际的"5W模式"。时至今日，它仍是指导人们进行交际的一种极为便捷的综合性方法。1949年，学者香农提出了传播的"数学模式"，但是该模式没有摆脱线性模式，缺乏反馈的过程。1966年，学者德·福勒发展了香农的模式，阐述了信息源是如何获得反馈的过程，但他的模式更适合描述大众传播。1954年，学者施拉姆在奥斯古德的基础上，进一步提出了自己的环形交际模式。在他的这个模式中，交流的参与者既是信息的发送者也是信息的接收者。在每一个循环中，他们不断变换角色。这个模式更加注重的是交际的整个过程，对人际交流的情境更具有概括性和适应性。

四、交际和文化

交际行为是在文化的基础上形成的，肩负着文化传播的使命。交际受到文化的制约，不同的文化基础形成不同的交际行为，在交际中，不同文化背景下诸多事物所展现出的是色彩斑斓、纷繁各异的意义。

例如，在我们现实生活中并不存在的"龙"。在古老的中国传统文化中，龙是民间信仰中最神圣的神异瑞兽。《说文解字》中是这样描述的："龙，鳞虫之长，能幽能明，能细能巨，能短能长，春分而登天，秋分而潜渊。"在中国民间传说中，龙为尊贵，与帝王、皇室关系紧密；它是祥瑞，与国泰民安、大吉大利不可分割。中国人将龙视为崇高威严的象征，把龙奉为百兽之灵长。在中国古老文化的传说故事中，龙专司雨水，是造福万物和百姓的神物。每逢传统节日和盛大庆典，人们都会组织舞龙等形式多样的大型祈福活动。人们聚集在一起，寄希望于龙的庇佑，祈祷来年风调雨顺、五谷丰登。作为神灵的象征，龙的形象的确是遍及中国人生活的各个角落。从古至今，与皇权有关的建筑均以龙为主要标志，如天安门汉白玉华表上腾空而起的飞龙、故宫大殿云龙阶石上浮云遨游的巨龙、首都北海公园和山西大同九龙壁上神态各异的祥龙等。在经济全球化已成为趋势的今天，"龙"早已成为华夏民族和中华子孙的象征，世代生长在中华大地上的炎黄子孙抬头挺胸，骄傲地向世界宣告自己是龙的传人。从某种意义上讲，"龙"是中国传统文化的一种文化特质。

西方神话传说中的龙是一种鳄鱼类的陆生动物，它的性格极其凶残，是喷烟吐火的怪物。西方人认为它是邪恶的象征，因其凶残、肆虐，应予以消灭。在一些描写圣徒、英雄和龙争斗的西方神话传说中，故事最终大多以怪物被杀画上句号。在英语中，龙有"凶暴之徒""严厉透顶的人"等诸多意思。而在现代英美新流行语中，"龙"也意为打人的警察。

每一个人都是在自己所处的环境中通过交际来学习的，在有意或无意中通过自身文化习得获取交际方法。换句话说，我们考虑的问题、说话的方式、谈论的话题等无一不受到文化因素的强烈制约。人类的文化是通过交际发展起来的，交际行为本身又形成了一种文化特性。因此，文化和交际两者之间的关系是一种"你中有我、我中有你"的相互依存关系。理解和把握好这一点是促成跨文化交际成功的一把万能钥匙。

第三节　跨文化交际

所谓跨文化交际就是指不同文化背景的人们之间的交流。20世纪60年代以来，随着科技的发展和经济全球化的深入，跨文化交际已经成为人类社会生活不可缺少的一部分。由于跨文化交际现象频发，跨文化交际的相关研究也日渐增多，逐渐发展成为一门独立的学科。由于跨文化交际行为与汉语推广战略之间存在关联，所以跨文化交际的研究也与汉语国际教育这种跨文化的活动密切相关。具备有效而得体的跨文化交际能力是对外汉语教师应有的基本素质。因此在这一节中，我们主要讨论的内容有跨文化交际的定义、跨文化交际的特点以及跨文化交际过程中的注意事项。

一、跨文化交际的定义

在一般语境下，我们所理解的跨文化包括跨越民族文化、跨越性别文化、跨越地域文化等方面。

通过整理目前学界的研究成果，我们可以看到跨文化交际的通行定义有以下几种：第一，跨文化交际是指那些不同的文化观念和符号系统改变了人们之间的交流。第二，跨文化交际是不同背景的人们之间的交际。第三，跨文化交际是来自不同文化背景的人们之间的符号性交流过程。有效的跨文化交际是在相互交流的情境中给不同的个体创建共享的意义。

通过以上归纳，笔者认为跨文化交际的定义应该涵盖以下几个方面：首先，跨文化交际是不同文化背景的人们之间的交流；其次，跨文化交际是通过象征符号来实现的；再次，跨文化交际是一种双向互动的动态过程；最后，跨文化交际的目标是创建共享的意义。

我们可以将跨文化交际的定义简单概括为不同文化背景的人们之间的交际，这里讲的跨文化交际实际包含两个层面：一个层面是不同国家和不同民族之间的交际，如中国人与日本人、美国人与阿拉伯人之间的交际，这是横向的跨文化交际；另一个层面是在同一个国家或民族中，不同性别、年龄、职业、地域的人们之间的交际，这是纵向的跨文化交际，如男性和女性之间的交际存在差异性，男性侧重信息传递而女性侧重建立和谐关系。当然，宽泛地讲，不同人群之间的交往都属于跨文化交际。

二、跨文化交际的特点

从跨文化交际的定义出发，我们可以概括出跨文化交际的几个特点。

（一）即时互动性

跨文化交际虽然包括团体之间和个体之间的交际，但是更多地侧重人与人面对面的交际。人与人面对面的交际具有即时互动性。跨文化交际研究学者强调，跨文化交际主要是指不同文化背景的人们面对面的交流。这里所说的面对面的交流既包括了语言交际层面，也包括了非语言交际层面，所以跨文化交际的过程也就是交际双方双向交流和互动的过程。

（二）差异性

由于跨文化交际是不同文化背景的人们之间的交流，而不同的文化本身就具有差异性，所以跨文化交际也具有差异性。而这种差异性具体体现在以下几个方面：首先，跨文化交际涉及交际双方的深层文化差异，如文化传统、信仰等方面的差异；其次，跨文化交际也涉及行为方式和习俗方面的差异，如手势使用、节日习俗等方面的差异；最后，跨文化交际还涉及个体文化身份与角色方面的差异，如性别、年龄、职业、地域等方面的差异。例如，当一位中国的中年女教师与一位美国的初中男生进行跨文化交际时，他们不仅在宗教信仰、交流方式等方面存在差异，还在性别、年龄、身份等方面存在差异。这些差异相互作用，共同影响了跨文化交际的过程和结果。

（三）不对称性

由于跨文化交际双方在深层文化背景、个体行为方式以及个体身份与角色等方面存在差异，这些因素必然会导致在跨文化交际的过程中会出现信息不对称的状况，所以跨文化交际很容易产生误解和冲突。正是由于在跨文化交际过程中存在信息的不对称性，所以在跨文化交际中充满了交际双方发生冲突的可能性。虽然交际双方的动机并非出于恶意，甚至在某些时候还是善意的，但是由于交际双方的差异性，也会出现在自己文化中得体而礼貌的行为到了另一种文化中却成了无礼举动的问题。

（四）促进文化的融合与发展

跨文化交际虽然可能存在误解甚至冲突，但也能给人带来深刻的变化。跨文化交际的经历能够使交际双方具有更开阔的视野、更丰富的阅历、更成熟的性格、更复杂的思维、更宽容的态度。跨文化交际行为使人们能更深刻地感受到世界上存在着不同的文化方式，让人们学会理解和欣赏这种文化的差异。当然，在更高的层面来说，这种交际行为还会促进不同文化的融合与发展，最终促进整个人类文化的融合与发展。

三、跨文化交际过程中的注意事项

在跨文化交际过程中，由于交际双方存在差异性，必然会造成交际双方的误解和冲突。如果这种误解和冲突发生在国与国之间的交际行为中，必然会给交际双方造成不良影响。为了避免跨文化交际过程中发生这些"善意的冲突"，我们需要了解跨文化交际过程中的一些注意事项，即交际过程中的禁忌。

在交际活动中，禁忌几乎是无处不在的。在同一种文化中，由于地区或者次文化的差异，禁忌会略有差别。那在不同的文化中，禁忌的差异就更大了。由于禁忌在跨文化的交际过程中会设置或大或小的障碍，人们不得不注意它并避开它，以期交际能够顺利进行。实际上，中国人自古以来就十分注重交际过程中的禁忌，《礼记·曲礼上》就明确记载着"入竟（境）问禁"的礼仪规范。而英语国家的人们同样十分注重禁忌。

由于人们在与不同文化背景的人进行交往时会无意识地用本民族的文化准则、社会规范和社会语言规则等来判断和解释别人的语言行为，所以会造成交际失误。同样的行为在不同的文化中会产生不同的交际效果。如在中国文化中，人们常用"你吃饭了吗""你上哪儿去"等语言作为问候语，但如果你对说英语的人讲"Have you eaten?（你吃饭了吗？）""Where are you going?（你上哪儿去？）"，反而会起反作用。如果一位美国人在中国被人问到"Where are you going?"，他会很气恼，因为这个问题对他的隐私构成了威胁，他会觉得"自己似乎去一个不应该去的地方"。而"Have you eaten?"在某一特定场合可能会使美国人觉得说话人在邀请他去吃饭，或者会使他感到莫名其妙。其实在美国，人们打招呼通常以天气、健康状况、交通、体育以及兴趣爱好为话题。这个交际过程中产生的误解就是说话人没有了解不同文化中存在的禁忌所致。

具体而言，跨文化交际过程中的禁忌既包括语言方面的禁忌，也包括非语言方面的禁忌。

（一）语言禁忌

由于语言是跨文化交际的载体，所以在跨文化交际过程中，应该注意一些语言的使用禁忌，具体包括称呼语禁忌、讳词禁忌、交谈话题禁忌等方面。

1. 称呼语禁忌

汉语中的称呼语禁忌在历史上主要涉及讳名。在历朝历代，对于帝王、师长、官吏绝对不能称名，必须加以回避，即"避讳"。这种称呼语的禁忌沿袭至今就形成晚辈对长辈、下级对上级、学生对教师，决不能直呼其名，否则便会被视为不尊重师长。一般来讲，晚辈称呼长辈时，应以辈分称谓代替姓名称谓，而且不论有无血缘关系都可以使用"爷爷""阿姨"等称呼语。在人际交往中，出于尊敬，通常会以对方职务或以"同志""师傅"相称。

英语中基本不存在讳名问题，在多数情况下，男士都可以用"Mr+姓"称呼，已婚女士用"Mrs+姓"称呼，未婚女士用"Miss+姓"称呼便可。在英美国家，对于关系比较亲近的人，无论身份、地位存在何种差异都可以直呼其名，以示平等友好。

2. 讳词禁忌

在英汉文化中，都存在一些讳词，这些讳词通常都涉及了死亡、性等人们忌讳用到的词语。如以"死亡"这个词为例，英美人不愿直接用 died 或 death 等词，在交流过程中，他们更愿意用较委婉的说法如 pass away、pass on、depart to God、fall asleep 等。在汉语中，当我们对一个病人说"你今天不舒服，就别上班了"，以"不舒服"代指"病"。军人之间常用"挂彩了""光荣了"等表达方式替代"伤""死"这些忌讳用到的词语。

3. 交谈话题禁忌

在中西跨文化交际过程中，我们会发现，有一些交际的话题也会成为交流过程中的禁忌，而且在这方面英语和汉语的表达方式存在较大差别。

由于西方文化以个人价值至上，他们强调个性的张扬，因此表达个体"我"

的时候，"I"在书面语中无论何时何地都要大写，强调独立的个性。他们的隐私是绝对不能让别人干涉的，除非本人主动表达了交流的意愿。具体而言，这部分话题大致包括个人的年龄、财产、工资收入、婚姻、恋爱等内容，而在中国文化中，上述内容在社交中常常作为人们关注的话题加以讨论。当然，中国人也有忌讳的话题，尤其是涉及个人尊严的"短处""痛处""缺点""毛病"等方面的事情，即"打人别打脸，说话别揭短"。但在医院医生询问患者情况或注册登记等情况下，婚姻状况、年龄、职业等内容就不再是禁忌的话题。

（二）非语言禁忌

在跨文化交际过程中，除了要注意上述的语言禁忌，还要注意一些非语言的行为禁忌，具体包括社交场合禁忌和传统习俗禁忌。

1. 社交场合禁忌

在一些具体的社交场合，应该遵循一定的社交礼仪，切忌出现违反社交礼仪的情况，当然在中西文化中，社交场合的礼仪也存在一定的文化差异。如在拜访某人的情境中会有一些中西文化方面的差异。在英语国家，拜访某人需事先预约，不能突然拜访某人。如果有访客突然造访，就会令受访者感到十分不快，一些受访者甚至会拒绝拜访者，这是因为英语国家的人们认为突如其来的拜访会打乱自己的安排，给自己的工作和生活都造成极大的不便。久而久之，没有预约就直接拜访别人便成了英语国家的禁忌。如果有人突然拜访某人，就会被受访者视为粗鲁无礼。而在中国，熟悉的人们之间相互拜访，一般都没有提前预约的习惯，人们对此一般都习以为常，有些人甚至认为突然造访会令受访者感到惊喜。但是随着社会经济的发展，人们生活节奏加快，在商务场合以及一些严肃的社交场合，预约访客也成了一种约定俗成的习惯，因为人们普遍认为这样做比较得体，会令交际双方都感到方便舒适。

中西方文化除了预约访客的习惯有所不同外，在遵守预约时间方面也有所区别。当然预约的拜访一般要准时，不可提前或迟到，但是在不同国家的社交场合又会有不同的情况。比如美国人一般习惯晚3～5分钟到达宴请或聚会的现场，这是因为在美国，人们认为这种做法比较方便主人进行宴会或者聚会前的准备，尤其是准备宴请或者聚会的女主人，她们一般都会比较忙碌，通常在宴会开始前的5分钟才会换上得体的服装，所以访客一般会比预定的时间晚10分钟到达，这种做法是没有问题的。但是与美国不同，中国人的习惯做法是提前三四分钟到达宴会或者聚会的现场，这是因为提前到达宴会或者聚会的现场一方面可以帮助主人做准备，当然更重要的一方面是提前到达可以表示对受访者的尊敬，如果受访者较为年长或者地位较高就更该如此。

在跨文化交际场合，还有一些中西文化中存在差异的地方值得注意。比如在家庭聚会或其他类似的社交活动中，英语国家的人们尤其忌讳谈论其行业内的事情或公事，这是因为人们认为谈论只有自己熟悉、别人听起来却是天方夜谭的话题会令人感觉无趣，增加了交际的障碍，没有办法达到交际的目的。而且人们通常认为只谈论自己行业内的事情或者公事是视野狭窄的表现，这样的人一般不受交际场合的欢迎。然而在中国的社交场合却并没有这种约定俗成的规定，人们并不是特别反感别人在公共的社交场合谈论一些行业内容或者公事。当然，中国人也厌恶别人在公共的社交场合卖弄自己的知识，甚至夸夸其谈。

除了社交原则和社交话题的区别之外，中西方的一些具体的社交礼仪也存在着很多差别，应当引起足够的重视。比如在跨文化交际的社交活动中，人们常常在社交场合施握手礼，在英语国家有一个关于握手礼的禁忌，即不能越过两个人拉在一起的手，去和另一个人握手。英美国家的人们普遍认为这种交换握手的方式可能会给交际双方都带来不幸，但是在中国的社交场合一般不存在这种禁忌。

2. 传统习俗禁忌

非语言禁忌除了上述的社交场合禁忌之外还包含着传统习俗禁忌，这些传统习俗禁忌具体表现在节日禁忌、饮食禁忌和礼品禁忌几个方面。

由于文化背景的差异，中西方中还存在着不同的节日禁忌，这一点在跨文化交际场合尤其要引起注意。

世界上每个国家或民族都有自己的节日，几乎在各种文化中都会庆祝新年，但具体到各文化系统又有各自独特的传统节日，如中国的春节、西方的圣诞节，等等。不管是共同的节日还是各自传统的节日，人们都怀着不同的心情和愿望来庆祝它们。当然，在人类的各文化系统中也存在一些节日是让人悲痛的。但是不管是在哪种节日里，人们都不得不对自己的某些言行加以约束，以防不当的言行破坏了节日的气氛，带来晦气，冲走好运。因而各文化系统都有相应的节日禁忌，这些节日禁忌在不同的文化背景中又有所差别。

圣诞节是西方的重要节日，而圣诞节的禁忌主要与圣诞布丁有关。英美等西方国家在圣诞节时做布丁就如同中国人过春节包饺子一样，都有祈求吉祥的寓意。在英语国家中，搅动圣诞布丁能使自己在未来的一年中万事如意。因此，在做圣诞布丁时，家庭的每个成员都至少要搅动一下布丁，许下一个心愿，并相信这个心愿终会实现。但搅动布丁只能按顺时针方向，绝不能逆时针方向，并且自己许下的愿望不能告诉任何人，否则就不会为自己带来好运。

元旦是中西方国家都会庆祝的节日，但是西方人比中国人更加重视这一天，英美等西方国家的人们在这一天格外留神，以确保在新的一年中会有好运气。西方国家的人们普遍相信在元旦这一天的第一个访客会决定这一年里是不是会有好的运气。

在中西方的跨文化交际中除了存在不同的节日禁忌以外，还存在着不同的饮食禁忌。由于每一个国家或民族都形成了自己独特的饮食文化，所以饮食禁忌便成为饮食文化中的重要组成部分。这种饮食禁忌既包括饮食的内容，即忌吃某种食物；也包括饮食方式，即进食时忌讳某种行为或方式。具体而言，如伊斯兰教徒忌吃猪肉，印度教的教徒忌吃牛肉，佛教徒忌食荤食。除此以外，中西方的饮食礼仪规则也存在差别，如西方人用刀叉吃饭，东方人用筷子，并且西方人进食的时候忌刀叉出声，中国人也忌用筷子敲打盘子或饭碗。

在餐桌礼仪方面，中西方也存在着较大的差异，比如中国人在招待客人时，一般都会准备满桌美味佳肴，不断地劝客人享用，并且一定会谦虚地说："粗茶淡饭，不成敬意。"而且主人一般会为客人夹菜，因为中国人认为这样可以令客人感到"宾至如归"，表达对客人的尊重。但是这种做法是不符合西方人的餐桌礼仪的，西方人请客吃饭，菜肴一般不会特别复杂，而且，在用餐时主人通常会说："请自便。"他们认为让客人自便是对客人的尊重。

在跨文化交际中，除了节日禁忌、饮食禁忌的差异，礼品禁忌的差异也是非常值得注意的。在跨文化交际中，各国人民都有送礼的习俗，但送礼一定要得当，要充分了解各文化系统中的礼品禁忌，如果不了解这些禁忌，就很有可能弄巧成拙，甚至会产生"善意的冲突"。

在英语国家中，朋友、同事之间忌送重礼，因为花费较多钱送重礼可能被认为是一种贿赂行为；另外，重礼意味着还礼时也要还重礼，但他们没有这种习惯，也不想这样做。其实在中国文化中，也有这样的认知，尤其是在当下的时代文化背景下，全社会都在提倡这种做法。

送花是各文化系统中都存在的送礼习俗，但是由于不同的鲜花在不同的文化背景中寓意不同，所以在进行跨文化交际之时，一定要对这些内容有所了解。首先，在英语国家中送花忌送双数，因为他们认为双数的花会带来厄运。另外，忌送白色的花，如白色的百合花等，因为白花被看作厄运的预兆或死亡的象征，给医院的病人送花尤其忌送白色或红白相间的花，在中国文化中也有类似的禁忌。值得注意的是在英美等西方国家，每种花的颜色的寓意不同，如红色象征生命力和炽热的爱情，粉红色象征忠诚的爱，橘黄色象征蓬勃和朝气，紫色象征敬意和良好的祝愿，黄色象征轻蔑，白色象征死亡，等等，在进行跨文化交际时，一定要送表达相对应寓意的花朵，切忌随意送花造成不必要的误解。

对于接受礼物的礼仪，中西方也呈现出很大的差异。比如，中国人在接受别人的礼物时往往要推辞一番，接受后一般不当面打开，以示对送礼方的尊重。而在英语文化中，人们对别人送的礼品则必须当面打开并称赞一番，以示对送礼方的感谢。

最后我们还应注意无论在中方还是西方，送礼一定要有缘由，并且要在礼物中含有相对应的吉祥寓意。比如，在英语国家中，人们通常在婴儿出生、个人生日、男女结婚、相互拜访、重要的节日等情况下送礼，中国人也有类似的习俗。

第四节　跨文化语言交际

就交际途径而言，跨文化交际可分为跨文化语言交际和跨文化非语言交际两类。语言交际成为跨文化交际研究的核心内容之一的主要原因是语言与文化关系紧密，同时语言交际也是跨文化交际最重要的方式，语言的使用遵循着一定的文化规则，语言的使用范畴制约着人们对周围世界的感知方式。语言是文化的载体，是交际的工具；语言体现着特定的文化内涵。

一、语言与文化

人类学家很早就已经开始关注语言与文化之间的关系了，最开始是由德国人类学家洪堡提出的"世界观"。他认为，语言之间存在的差异其实并不是发音和文字样式的区别，更重要的是人们对于世界的认知不同。

美国人类学家萨丕尔和沃尔夫对语言和世界观、文化思维方式等的关系做了更全面的诠释，还提出了著名的萨丕尔－沃尔夫假说。

美国著名人类学家鲍厄斯的学生萨丕尔，在跟随老师学习期间表现优秀，他主要研究北美印第安人的语言。萨丕尔试图找出语言中词汇的分类与人们的物质生活和社会环境的关系。他明确指出："人们并不仅仅生活于社会活动的世界之中，而且处于已成为该社会表达手段的某种特定语言的严格控制之下。"

萨丕尔的学生沃尔夫在研究语法之前是一位保险公司的火灾理赔员，偶然在一次工作中发现之所以会引起火灾，主要是由于人们对事物名称存在误解。

沃尔夫发现英语和印第安人的霍皮语对于时间和空间有不同的表达方式。他将霍皮语的使用和英语的使用进行了对比，发现英语把时间划分为过去、现在和将来，把时间看成可数的普通物体。霍皮语则把时间看成一个不可数的连续发生的事件。

沃尔夫由此得出了一个结论，时间和事物的概念不是人们的经历决定的，而是他们所使用的语言的一个特点。沃尔夫也强调，世界表现为万花筒式的各种各样的感觉和印象，这些必须由我们的头脑来组织，而这意味着这些大致上是由我们头脑中的语言系统来组织的。

老师萨丕尔和学生沃尔夫通过对印第安人语言的研究，得出了著名的观点：语言不仅表达和反映了思想，还塑造了人们的思想和世界观。

语言决定论就是由萨丕尔和沃尔夫通过强调语言对于思维的决定性作用而提出来的学说。后来许多学者都试图证明这个强式假说的正确性，遗憾的是，语言决定人们思维的假说迄今也没有得到证实，但是也没有出现推翻这种假说的反证。

沃尔夫后来指出，语言影响人们对世界的态度、行为和感知能力，但并不能起到决定性作用。这个经过修正的假说后来又被称为"语言相对论"。

萨丕尔－沃尔夫假说的主要含义：每个人所使用的语言结构影响不同人感知和理解世界的方式；不同的语言和不同的方式是感知和划分现实世界的主要因素；不同地区说不同语言的人对世界的感知是不一样的。

跨文化交际领域的很多学者都采纳了萨丕尔－沃尔夫的语言与文化相互影响的观点，该理论对跨文化语言交际的研究有很大启发。虽然没有人可以证实它的正确性，但是随着时间的推移，已经逐渐被大家认可，即人们相信语言和文化是相互作用的，不同的语言模式会导致人们对世界的认识的不同。

二、语言与价值观

每种语言中都存在着大量的格言、警句和俗语。通过这些语句，可以了解人们对世界的看法、态度和价值取向。例如，个体主义和集体主义是两种不同的价值取向。我们从以下世界各地的谚语中就可以看到不同文化背景的人们是如何看待个人与集体的关系的："离开羊群的羊会被狼吃掉"（土耳其）；当蜘蛛网连在一起的时候可以困住一头狮子（非洲）；十指抱拳力千斤（中国）；在团体中当傻瓜也比一个人有智慧好（墨西哥）；站在你自己的两只脚上（美国）；即使是在天堂，只扫门前雪（德国）；一个人独处也不好（以色列）；出头的钉子被砸下（日本）；自助者上帝助之（美国）等。

关于语言在人们日常交际中的使用，各国之间是有区别的。例如，中国和日本的文化都属于高语境文化，讲究"此时无声胜有声"的意境；美国文化是低语境文化，重视直接的语言表达。所以我们可以看出中国、日本和美国的格言、谚语表达了不同的态度和价值取向。

汉语和英语中都有表达时间观念、奋斗观念、健康观念等的格言或谚语，说明不同文化的人们也有一些共同的价值观。

三、语义和文化

在语言的各要素中，词汇对跨文化交际的影响很突出。语言的功能之一是表达意义，不同语言和文化的人们进行跨文化交际时，所说的词汇与文化的关系也是比较密切和直接的。语言还会受到文化和语境的制约，所以说语言不是作为一个具有普遍性的因素存在的，人们可能会因为对词语含义的误解而产生交流障碍。

造成跨文化交际中的误解的是词语的附加意义，并不是人们一般情况下所理解的词语的概念意义。词汇的意义有很多层次，并不是单一存在的。

英国语义学家利奇为了方便大家对语言意义进行理解，把语言的意义分成七种类型，即概念意义、主题意义、搭配意义、感情意义、内涵意义、联想意义、风格意义。经过后来的检验，以及更多学者的研究，现在学者把语言的意义简化为内涵意义和指示意义两种：内涵意义包括了风格意义、感情色彩、联想意义、象征意义等成分；指示意义即词典上写明的意义，往往也是概念意义。一般来说，内涵意义是附加意义，会随着时代的发展和语境的不同而变化，具有不确定因素，往往是特定文化中约定俗成的，具有多样性和复杂性。词汇的指示意义比较客观，也比较稳定，是对客观事物或事件的命名和描述，通常不会影响跨文化交际中意义的传递和理解。

根据词语的指示意义和内涵意义，利奇又一次把跨文化交际中使用的词汇分为五种情况：冲突词汇、全空缺词汇、平行词汇、半空缺词汇、重合词汇。他认为半空缺词汇和冲突词汇容易成为跨文化交际的障碍，主要是那些指示意义相同而内涵意义不完全相同甚至截然相反的词语引起的障碍。他认为重合词汇、平行词汇、全空缺词汇都不会引起跨文化交际中的误解。

四、敬语和谦辞

在很多国家的语言中，人们会根据对方的辈分、年龄、地位及自己与对方的亲疏关系来选择适当的敬语。由此可以看出，敬语的运用不是一般语言交流可以替代的，是非常重要的礼貌手段。

中国人最常使用的敬语是"您"。古代汉语中的敬语有"君、府上、令爱、足下、贵姓、光临、高见、大作、贤弟、阁下、仁兄、令堂、指教、关照、拜访"等。

中国人对别人使用敬语，对自己使用谦辞。汉语中的谦辞有"拙见、敝人、寒舍、贱内、小女、在下、犬子、家父、拙著"等。

第五节　跨文化交际研究

20世纪60年代，在经济全球化进程的影响下，跨文化交际现象频发，与此相对应的跨文化交际研究开始兴起，并在此后的几十年间迅速发展壮大成为一门独立的学科。

一、国内外跨文化交际研究

（一）国外跨文化交际研究

跨文化交际的英文是"intercultural communication"，其中"intercultural"意为"文化间的"，"communication"意为"交流"。

跨文化交际这一文化现象虽然古已有之，但是其发展成为一门独立的学科是在20世纪50年代末。20世纪50年代末，美国著名学者霍尔出版了《无声的语言》一书，在这部著作中他首次提出了跨文化交际的概念，在国际跨文化研究学界，这一概念的提出被视为跨文化交际学诞生的标志。

20世纪60年代国际跨文化交际研究迅速发展，在此期间，一些非常重要的跨文化交际学著作得到发表，为跨文化交际学科的正式建立奠定了理论基础。经过几十年的发展，到20世纪80年代一批影响较大的跨文化交际研究著作陆续面世，这些著作的共同特点是更加关注跨文化交际学的学科理论建构。

随着国外跨文化交际研究著作的发表，一批较有影响力的跨文化交际学者陆续推动跨文化交际的学科体系和教学体系的发展。20世纪60年代末，全美国只有5所大学开设跨文化交际学课程。而到了20世纪70年代，美国已有450个教育机构开设这门课。美国跨文化交际研究专业的学术期刊开始发行，专业的跨文化交际研究组织成立，并定期组织学者开展学术研讨会议，以促进跨文化交际研究成果的推陈出新。

"跨文化交际"指的是不同文化背景的人与人之间进行的交际。跨文化交际是一种普遍、长期存在的现象。作为一门学科，跨文化交际学的历史是短暂的；但跨文化交际作为一种社会现象和发展过程，它与人类的历史一样悠久，可追溯到原始部落时期。这门 20 世纪六七十年代在美国兴起的学科，虽然理论构架还不够完善，但吸引了各学科领域学者的普遍关注。

近年来，跨文化交际学已成为我国外语教学界研究的一个热门课题。语言教师对此表现出兴趣，反映了时代的变化和要求，这是经济全球化掀起的浪潮和国际交流合作及竞争日益激烈的必然结果。大家意识到仅仅注重语言能力教育已远远不能满足现代社会的需求，跨文化交际学的兴起促使人们从跨文化交际的角度对外语教学进行深入思考。

1. 跨文化交际学的定义

"跨文化交际学"到底是一门什么样的课程？跨文化交际学是以运用众多相关学科的理论研究成果为基础，揭示不同文化的人们在交际时会发生什么，怎么发生的，为什么发生，产生什么后果，以及如何解决和避免交际障碍和文化冲突，以达到有效的交际。跨文化交际学研究的是不同文化背景的人们在各类交际活动中涉及文化的种种问题。跨文化交际学是在普通交际学的基础上博采众长，吸收众多相邻学科的理论和成果，发展起来的一门交叉学科。这门学科以科学的理论和大量事实揭示跨文化交际这一动态多变的过程，探索它的本质和规律，以及影响它的众多社会、文化、心理、环境、情境等因素，以演绎的方法探索交际行为、编译码过程、交际方式、语篇结构等方面与其底层文化的关系。这门学科还在文化对比的基础上，以大量的数据和事实让读者明了不同文化在交际过程中所可能产生的各种文化差异，发展人们对文化差异的高度敏感性。当然，本学科研究的宗旨在于通过比较、追本溯源，以及理论分析使人们达到有效的交际。

2. 跨文化交际研究的重要性

跨文化交际研究可以拓宽语言研究的领域，把视野转向更广阔的文化层面。语言和文化是密不可分的，语言既是文化的载体，又是文化的一个重要组成部分。语言的应用受到文化体系的影响和制约。因此，要掌握两种语言，必须掌握两种文化。只有跨越目的语国家的文化障碍，才能做到交际的得体与妥当。

反之，就会因语义、语用及思维习惯和文化习惯的差异在交际中出现失误。外语教学的一个主要目标就是培养学生的跨文化交际能力。因此将语言研究和跨文化研究有机地结合起来，不仅理论上必要，而且也是对外语教学实践性原则的延伸。跨文化交际与外语教学密不可分，这是因为外语教学不仅传授语言知识，更重要的是要培养学生的交际能力，培养他们应用外语进行跨文化交际的能力。近年来，随着改革开放步伐的加快，我国的对外交往日益频繁，与其他国家的交流也越来越广泛，这对大学毕业生的外语运用能力提出了更高的要求。然而，在这些方面，我们的外语教育却明显滞后。一方面，普遍的应试教育带来了相当大的负面影响；另一方面，传统的外语教育观还深深地束缚着教师的思想。

跨文化交际并不是一个简单的过程，仅仅学会一门外语的语音、语法规则和掌握一定量的词汇并不意味着能顺利地进行交际。在跨文化交际中，交际的双方若不能进入同一文化背景之中，就容易产生误解，甚至直接导致交际失败。正如托马斯所指出的"语法错误从表层上就能看出，受话者很容易发现这种错误。这种错误一旦被发现，受话者便会认为说话者缺乏足够的语言知识，因此可以谅解。语用失误却不会像语法失误一样被看待"。因此，研究跨文化教学以及探索培养学生跨文化交际能力的途径，对提高大学生外语交际水平，使他们适应未来社会对外语人才的需求是极其重要的。

既然语言是交际的一种手段，那么教师就有责任提高学生的跨文化意识，培养其跨文化交际能力，让学生在学习语言基本知识的基础上，学会了解目的语国家的文化背景、风土人情、价值观念和生活方式，达到对其了如指掌、运用自如的目的，所以我们在大学外语课堂教学中应该采取必要的提高学生跨文化交际能力的教学手段。

外语教学的一个重要目的就是提高学生的跨文化交际能力，即与不同文化背景的人进行交流的能力。全面地提高外语教学的效率和质量，提高学生的外语应用能力，是大学外语教学的一项紧迫任务。为了实现这个目标，需要大学外语教师的共同努力。我们的外语教学应紧跟世界教育的发展方向，为培养出具有跨文化交际素质的人才而不断努力。

3.跨文化交际学国外发展及现状

欧美各国政治、经济、文化交流频繁，外语教学起步较早，最早教授的语种包括拉丁语、希腊语等。随着西方语言学研究的兴起和发展，跨文化交际学研究也随之发展，新理论、新流派不断涌现。中国的跨文化交际研究起步较晚，研究层次基本停留在学习和引进国外理论的层面，没有提出新观点。但随着改革开放和经济贸易的突飞猛进，跨文化交际能力正在成为新世纪人才不可或缺的一项基本能力。

（1）跨文化交际学在美国

跨文化交际研究是在美国新兴的领域。人们普遍把美国文化人类学家爱德华·霍尔的《无声的语言》视为跨文化交际学的开端。此后，20世纪60年代陆续又有一些有关跨文化交际的著作问世。与此同时，美国一些大学开始开设跨文化交际学课程。就跨文化交际学在学术领域的地位而言，20世纪70年代是最具有重要意义的一年。在这一年，国际传播学会承认跨文化交际学是传播学的一个分支，在学会下面成立了跨文化交际学分会。此后，各大学的传播学系、教育系纷纷设立跨文化交际学方面的课程。

（2）跨文化交际学在欧洲

跨文化交际学在欧洲发展得比较晚，影响也比美国小得多，而且具有不同的传统。国际跨文化教育训练与研究学会在欧洲的分支已经存在多年，开过多次会议。除此之外，还有另一个研究跨文化交际的组织在北欧活动。尽管在英国开设跨文化交际学课程的大学比较少，但这并不是说英国学者对于跨文化交际方面的问题不予注意。总的来说，在欧洲，跨文化交际学与语言学的联系更紧密。

（二）我国跨文化交际学的诞生和发展

20世纪80年代初，跨文化交际学由外语教学界引入国内，研究重点在于外语教学中的跨文化差异以及语言与文化的关系。跨文化交际学在我国开始得到迅速发展。

跨文化交际学在我国的引进表现在以下几个方面。

其一，外国跨文化交际学的名著在国内翻译出版，如萨姆瓦等编著的《跨文化传通》、跨文化交际学的奠基人爱德华·霍尔的《无声的语言》、史蒂夫·莫滕森的《跨文化传播学：东方的视角》等。这些译著的出版对该学科在国内的传播与发展起到了积极的推动作用。

其二，外国英文原著在国内直接出版，如外研社首批推出的英文版《当代国外语言学与应用语言学文库》的54部原著中，就有2部是关于跨文化交际的。这些原著的出版使国内学者开阔了思路，扩大了视野，提高了效率。

其三，国内研究者选编国外学者撰写的论文在国内以原文或译文的形式结集出版，如选编的《跨文化交际学选读》等。

跨文化交际学在国内的引进与传播，与该领域内众多学者孜孜不倦的耕耘是不可分割的。其中，20世纪90年代，《跨文化交际丛书》对国内跨文化交际研究的普及与深入起到了极为重要的推动作用。

（三）我国跨文化交际学研究的特点与方法

我国跨文化交际学研究的历史较短，但成果颇丰，特别是基于汉语的跨文化对比研究更是受到世人的瞩目和赞誉。概括说来，我国学者在跨文化交际学研究方面的特点主要包括以下几方面。

一是参与跨文化交际研究的学者主要是外语教师、对外汉语教师、语言学家和心理学家，其中外语教师占多数。遗憾的是，不同学科背景的研究者大多只是从各自领域的视角进行跨文化交际学研究，彼此之间缺乏应有的沟通与合作。

二是我国的跨文化交际研究既有继承，也有创新；既有共时研究，也有历时研究。许多学者将文化交际的共时研究与语言教学、语义学、语用学、语篇学、符号学、人类学、传播学等众多学科的研究结合起来，不断丰富和发展跨文化交际学。

三是我国的跨文化交际研究既有宏观的理论探讨，也有微观的描述与比较，还有基于汉语的应用性研究。

四是我国的跨文化交际研究着重语言与非语言交际方面的研究，特别是语言与文化的研究，其中较少涉及与跨文化交际有关的思想观点、文化传统、价值观念等方面的研究。

跨文化交际学具有多学科性质，因此，它的研究方法多变，研究手段各异，研究模式也具有兼容并包的特性。从总体上来说，我国学者在定性研究上比较成熟，研究成果带有显著的"内省"特征，因而缺乏基于大量数据的定量分析和实证研究。但近年来，跨文化交际学在研究方法上有了明显的变化。一批中青年学者在研究中十分注重研究内容与研究方法之间的有机结合。他们运用定量分析的方法，通过问卷、访谈等手段，将收集到的数据加以量化，进行统计分析，最终揭示出受试者跨文化交际行为的规律与模式。

近年来，跨文化交际学这一涉及多学科的边缘学科的名称已在我国外语学刊上出现，这标志着人们已着手这一学科的系统研究。然而，我国在这方面的研究仅限于语言交际、非语言交际及文化习俗等方面。我国在与跨文化交际有关的思想观点及价值观念方面的研究甚少。可见，这一学科现在仅涉及跨文化交际中文化差异的表面现象，还未触及跨文化交际学的理论体系、学科内涵、对我国对外开放的影响以及相关对策的研究。

二、跨文化交际研究的内容

目前跨文化交际研究的主流是理论研究与实践研究并举，它以人际沟通行为和文化的互动为研究对象。由于跨文化交际的内涵涉及了跨文化传播的内容，所以跨文化交际的研究内容既包括了不同背景的人们之间的交际，又包含国际文化间的传播。

为了研究上的便利，国际跨文化交际研究学者里奇认为跨文化交际研究的内容应该包含以下内容。

一是跨文化交际学——探讨来自不同文化的人们互动的关系。例如，中国人和美国人，或韩国人和巴西人之间的互动。

二是国际传播学——探讨来自不同国家代表人之间的互动关系。例如，联合国里各国代表之间的互动，或日本大使和加拿大总理之间的会谈。

三是种族间传播学——探讨一个国家或地区内多数和少数民族之间的互动关系。例如，我国台湾地区的汉族和原住民之间，或美国欧洲族裔与非洲族裔之间的互动。

四是少数民族间传播学——探讨同一国家内少数民族之间的互动关系。例如，华裔美国人和日裔美国人之间，或中国境内藏族人与蒙古族人之间的互动。

五是逆向传播学——探讨跨文化交际转入种族间传播的过程。例如，哥伦布登陆美洲大陆后，欧洲白人和原住民印第安人之间的关系。

里奇把跨文化交际学分为以上五个领域，内容包含很广，但是某些内容的分类又有一些狭隘。

（一）如何界定跨文化交际研究中"文化"的概念

文化的内涵虽然包罗万象，但是在跨文化研究领域，最常使用的是主观文化与客观文化、主导文化与亚文化这两组相对的概念。

跨文化交际领域经常使用的一组概念是客观文化和主观文化。跨文化交际研究学者斯图尔特与贝内特是这样界定客观文化和主观文化的："客观文化是指文化的社会制度及人工制品。主观文化是指文化的心理特征，它包括观念、价值及思维方式。"其实在跨文化研究中主观文化与跨文化交际的关系更密切。

卡代纳与布里斯林两位跨文化交际研究学者认为跨文化交际的误解主要出现在主观层面。其实当我们与不同文化背景的人交往的时候，很多交际的障碍甚至冲突都来源于价值观甚至于思维模式的差异，跨文化交际特别关注价值观、信仰和态度等主观文化因素是如何影响跨文化交际的过程和结果的。跨文化交际研究学者伯纳特指出了主观文化与跨文化交际能力之间的密切联系，他认为学习他者客观的文化可以增加学识，学习主观文化则可以提高跨文化交际的能力。

跨文化交际领域另一种常用的文化分类是将文化分为主导文化和亚文化。所谓主导文化是指在一个社会掌握权力的人群所代表或体现的文化。所谓亚文化是指一些群体在分享主导文化的同时又体现出独特的文化特征。比如美国的主导文化是欧洲裔白人所代表的文化，而亚裔、拉丁裔、土著印第安人等所特有的文化则是亚文化。

在跨文化交际研究领域，区分主导文化与亚文化对跨文化交际具有重要意义。因为人们很容易把同一国家、同一民族的人们看作具有相同文化特征的群体，而将跨文化比较主要集中在对不同国家和民族之间的比较上。

例如，我们通常会听到这样的说法：中国是集体主义文化，西方是个体主义文化。这种说法虽然具有一定的概括性，但是忽略了亚文化群体的特征和个体差异，容易对文化产生过度概括，最终形成刻板印象，不利于人们对跨文化间的差异有一个正确的认知。因此我们在跨文化交际的研究中既要把握不同文化的特点，也要关注跨文化间的差异性。

（二）如何界定跨文化交际研究中交际的概念

交际的概念虽然包罗万象，但是在跨文化交际研究中，交际的内涵主要包括以下几个方面：第一，交际是一种动态的过程。在这个过程中，人们试图通过使用象征符号来与他人来分享自己的内在状态。第二，交际是编码和解码的过程，但是这种编码和解码的过程并非单纯的传递和接受过程，而是包含意义的协商和共建。第三，沟通是双方经由交换符号来建立一个有相互依赖关系且互相影响的系统。

以上几种交际的概念从不同侧面概括了交际的本质特征：首先交际是一个动态的过程；其次交际是一种以符号为载体的活动；再次交际是编码和解码同时发生的互动性活动；最后交际包含了意义的协商和共建。

（三）如何界定跨文化交际的概念

跨文化交际作为跨文化交际研究中的核心概念，虽然不像文化和交际那样难以界定，但是学界对于跨文化交际的理解也是众说纷纭。简单地说，跨文化交际就是指来自不同文化背景的人们相互交流、互相影响的过程。当然其中的不同文化背景可以是不同地区、不同民族、不同宗教、不同性别，等等。互相交际可以指两个人之间面对面的交流，也可以指两个群体之间在政治、经济、文化上的沟通。这种交际可以是日常生活中的非正式交流，也可以是学习、工作场所的正式交流。由此可见，如何界定跨文化交际这个基本概念是跨文化交际研究中最重要的研究内容之一。

三、跨文化交际研究的方法

跨文化交际研究的对象是来自不同文化背景的人们的交际过程，文化又是动态的、变化的、开放的，这无形中增加了跨文化交际研究的难度，如果没有与之相应的研究方法，跨文化交际研究就无法正常进行。跨文化交际研究是在传播学的基础研究之上发展起来的一门新兴学科，如果没有一套成熟的、行之有效的研究方法，那么跨文化交际研究是没有办法得到长远发展的。由于跨文化交际内涵的丰富性，跨文化交际研究所涉及的内容也是十分庞杂的，这些都使跨文化交际学成了一门涉及人类学、社会学、文学、传播学、语言学、心理学等学科的交叉学科。

总而言之，对于跨文化交际这门新兴的交叉学科来说，科学的研究方法就显得尤为重要了。在国内跨文化交际研究学界，在大量实践和研究的基础上总结出五种研究方法，具体包括实证分析法、比较对照法、系统整合法、本质揭示法、追根溯源法，下面对这五种研究方法具体展开论述。

（一）实证分析法

实证分析法是跨文化交际学研究中最基本、最重要的方法。实证分析法要求研究者重视调查研究在跨文化交际研究中的作用,研究者要从客观的文化现实出发，充分地占有材料，探寻这些形式的内在联系。在进行具体的实证分析时，通常需要经过实地调查研究、统计资料和数据分析、电脑模拟和处理、模式构建等步骤。

（二）比较对照法

比较对照法是跨文化交际学研究中最常用的方法。比较对照法是指在研究中把具有某种内在联系的两种或以上的文化进行对比研究，以辨明它们内在的差异性。值得注意的是，在跨文化交际研究中运用比较对照法需要从人类文化的整体出发，探究各文化支系统的现状及发展趋势，辨明各文化支系统的内在关联及其差异性。

（三）系统整合法

在跨文化交际学研究中，在比较对照法的基础上还需要运用系统整合法对各文化支系统进行整合。在这一过程中，应遵循从普遍到特殊的原则，将文化的宏观系统和微观系统结合起来，进行系统的整合研究。在进行跨文化交际的系统整合研究之时，有几个常用的方法可以参考，如从某种文化的视角入手，进行系统整合或者是对多元文化构成的类文化系统进行系统整合；又或者是将多元文化分支系统中的各自的文化现象进行整合研究。

（四）本质揭示法

由于跨文化交际涉及错综复杂的文化现象，因此在研究中认识这些文化现象的本质就显得尤为重要。因为现象是本质的表象，脱离对现象的认识就不可能对本质有深入的理解。在跨文化交际研究中，应该把各文化现象作为认识各文化本质的向导，通过对各文化现象的分析捕捉各跨文化交际现象的内在本质。

（五）追根溯源法

在跨文化交际研究中运用这种方法时，需要研究者在对各文化现象进行横向的共时态分析时，同时进行纵向的历时态研究。即在对各文化现象进行对比分析的同时，追踪这些文化现象的历史缘由，以及在历史发展过程和阶段中的表现形式。由于不同民族、国家间的文化与其地域生态环境、政治、历史、宗教等密切相关，因此在追根溯源的研究中，需要从不同的地理环境、不同的历史背景、不同的文化传统及宗教信仰入手，追根溯源，探究跨文化交际中各文化现象的本源。

四、跨文化交际研究的视角

20世纪80年代后期，跨文化交际研究出现了从"以盎格鲁为中心"到"多中心"的模式转型。在20世纪六七十年代，许多有影响力的交际研究都发生在美国中西部地区的大学。20世纪80年代末，美国在交际上的研究成果特别多，也是从那时开始，其他地区的学者开始致力于这方面的研究。美国的传统研究范式促进了之后新观点和新交际模式的形成。研究文化和跨文化交际主要可以从以下四个角度入手。

（一）社会心理学视角

从社会信息学视角出发，很多学者提供了一个理解跨文化交际的动态性途径和从文化对比的角度来理解交际的新思路。在 20 世纪 80 年代和 90 年代初，这些学者将人际沟通的理论和框架用于分析跨文化语境下的交际。

对传统交际理论研究的主要批评在于这些理论往往存在隐晦的民族中心主义和父权社会特征，并且在分类模式上过于简化，以至于导向文化定式。这些跨文化交际研究不承认个人在文化方面的创造力，以至于使跨文化研究成了不断发展的"生态谬论"。这种研究方法的目的是确定和解释交际上的文化差异，并预测未来的交际情况，这是因为这些跨文化交际研究是基于如下假设的：有一个可描述的、外部的现实；人类行为是可预见的；文化是一个可以测量的变量。

（二）批评的视角

这是一种超理论方法，其中包括阐释视角中的许多假设，但侧重于宏观的背景，如影响交际的政治和社会结构因素等。学者关注语境（包括社会历史语境和社会中权力、压迫、解放等思想意识）可能对我们跨文化互动产生的影响。这种方法承认种族、阶级、性别这些分歧会影响某一身份说话人的表达，从而限制文化多样性的思想意识。自我反思是这种方法提出的另一个关注点。

（三）阐释的视角

这是一个挑战跨文化的定义和意识形态性质的崭新的研究角度。支持这种方法的学者认为有必要认识到交际中主体的复杂性，而不是采取目前似乎正流行的典型的简化过程的研究方法。他们认为最主流的跨文化交际研究，像人际沟通研究一样，跨文化的互动也不应被当成一成不变的。在现实中，每个人都受周围文化和亚文化的影响。个人的社会身份代表不同文化边界（国家、组织、工作、家庭等）的融合，正是这些身份的融合共同创造了一个人的整体文化。

五、跨文化交际研究的必要性及意义

随着全球经济一体化的进程日益加速，不同国家、民族、地区之间在政治、文化、科技等领域的交往日益频繁，世界日益形成一个多元化的格局，但是不同的国家、民族由于不同的历史渊源和不同的社会习俗，形成了特定的文化背景，这会为跨文化交际带来潜在的障碍，甚至有可能会导致文化冲突的发生，会给人类带来不必要的灾难。正是在这样的时代背景下，跨文化交际研究萌发，跨文化交际的频繁发生要求学者必须研究不同文化背景形成的价值取向、思维方式及交际方式的差异。

跨文化交际障碍的产生、低效的交际过程、交际双方间的误解与冲突，这些通常是跨文化交际中的文化差异造成的。因此学习跨文化交际的知识，认识跨文化交际的本质，了解跨文化交际的过程，是为了克服跨文化交际的障碍，避免跨文化交际的失误，寻求解决跨文化交际冲突的途径。我们学习跨文化交际是为了学习、了解异域文化和交际规则，适应和尊重异域文化，维护本族和本地域文化的发展，减少矛盾和纠纷，以利于有效而成功地交际。

具体而言，研究跨文化交际有以下几个方面的意义。首先，从个体间的跨文化交际来说，通过学习跨文化交际的知识可以发现跨文化交际失误的原因，有利于我们解决在跨文化交际中产生的问题，解释交际双方在交际过程中出现的文化冲突现象，消除误解，实现交际双方的沟通和谅解，最终实现成功且有效的交际。其次，从个体的交际实践来说，通过学习掌握跨文化交际的基本原则和策略，以应对各种不同场合、不同种类的交际，实现成功、高效的交际目标。最后，从国家间的交际层面来说，学习跨文化交际可以帮助我们克服文化障碍，实现政治、经济、科技等领域顺畅而有效的交流和沟通。通过学习还可以帮助我们增强文化意识，学会尊重外国的文化行为和习俗，改进我们的交际方式和交际策略。

第二章 跨文化交际能力

文化交际是一种交际行为，就交际的种类来看，可以是人际的交流，也可以是个人与公众（群体）间的交流。个体的交际能力体现于个体在特定场合中得体、有效的交际行为。在跨文化交际语境中，交际双方的共同点减少，差异增多，交际难度增加，影响有效交际的变量包括语言差异、文化差异、世界观、价值观等。跨文化交际能力是个体所具有的内在能力，能够处理跨文化交际中的关键性问题，如文化差异、文化陌生感、本文化群体内部的态度，以及随之而来的心理压力等。

第一节 跨文化交际能力概述

一、跨文化交际能力的相关含义

跨文化交际能力涉及文化、交际和能力等层面，其基础是交际能力。英语中"交际"是"communication"，含义是通信、传达、信息（交换）、交通等；而汉语中"交际"指人与人之间的往来接触。现代交际学范畴内"交际"的定义是"人与人之间沟通信息的过程，即人们运用语言或非语言信息交换意见、传达思想、表达感情和需要的交流过程"。交际能力是一种社交能力，而跨文化交际能力是在拥有这种基本社交能力的基础上，在其他文化背景下的有效交际能力。这里强调交际的"有效性"，是因为有效的交际才是跨文化交际能力的体现，否则，此人就不具备这种能力。

交际概念的表述方式有所不同，但其内核是一致的，相比之下，文化的概念难以界定，各学科是从不同的研究角度来定义的。从文化与交际的角度来看，文化具有以下特点：文化是可习得的，第二语言习得是发展另一语言系统，第二文化习得是对原有文化的扩张；文化是一套共享的认识体系，这一特点对文化和交流非常重要，因为有效的交际是基于主体间对事物的共同认识；文化影响行为，

30

正因如此，不同文化背景下的主体对其他主体行为会产生反感；文化是一个群体或社团共有的，文化一般都会涉及大的群体而非小团体；文化是相对的，没有优劣之分。

二、跨文化交际能力的内涵

（一）语言能力

语言能力是一种内化了的语言规则体系，包括语音、词汇、语法等，是人们所具有的语言知识。他把语言分为语言能力和语言行为，并且把两者对立起来。乔姆斯基的语言能力是基于对"理想的说话人"在"完全同类的语言群体"中的语言行为进行的研究，其"语言能力"包括语言知识和规则及语言的基本技能，他所认为的语言能力是人类先天就具有的内在心理机制。

关于语言存在结构系统和规则的观点在我国外语教学领域有着长期的、根深蒂固的影响，其所产生的语言结构系统知识、规则以及范式语言为教学的语言输入和学习活动提供了必要的条件，但也存在明显的不足：此种语言理论只涉及语言系统本身或内部的内容、解决的只是语言形式问题，而未能解决语言的本质，即社会交际功能的问题。

（二）交际能力

何谓交际能力呢？交际能力是指不仅能使用语法规则来组成语法正确的句子，而且知道何时何地向何人使用这些句子的能力。交际能力包括语言的词汇及语法知识；说话规则，如知道如何开始并结束谈话，不同语言活动中谈论什么话题，不同场合对不同的人用什么称谓形式；掌握如何使用不同的语言行为，如请求、道歉、致谢和邀请，并对其做出反应；掌握如何适当地使用语言。如果想与别人进行交际，就必须注意社会场景、人物之间的关系及特定场合中可以使用的语言类型，还必须理解书面的或口头表达出来的句子在上下文中的意思。

交际能力这一概念是由美国社会语言学家戴尔·海姆斯于20世纪70年代首先提出的。他把"交际能力"概括为语言知识和对语言知识运用的能力。他曾经很直观地把交际能力说成是"在恰当的时候，在恰当的地方，用恰当的方式对人说恰当的话语"。在他看来，如果没有语言使用规则，语法规则就毫无用处。例如，人们知道情态动词"would"的使用规则，但不知道在社会交际情境中好友之间提出请求时不使用"would"要比使用"would"更加亲切。

戴尔·海姆斯对第二外语教学和研究的另一贡献是他提出了"文化干扰"理论，即个体与其他文化背景的交际对象沟通时，自身的文化背景对交际行为，包括语言使用的干扰。例如：一位刚上哈佛大学的中国学生李昊吃过午餐后在路上碰见同班的美国同学约翰，李昊很友好地问约翰吃饭了没有，以示打招呼，这使美国同学误以为被邀请共进午餐。李昊在美国文化环境下按中国文化习俗与美国人打招呼，虽然使用的语言并没有语法错误，但是违反了美国文化的社会语用规则。这就是典型的文化干扰现象。戴尔·海姆斯交际能力观的核心是语言的得体性。按照海姆斯的交际能力理论，构成跨文化交际能力的要素是语言知识、社会语用知识以及交际技巧，既没有涉及交际者情感方面的因素，如克服文化差异所带来的不良心理感受等，也没有涉及交际者对对方价值观、世界观等深层文化结构的理解。这不能不说是他的局限性。

美国社会语言学家拉波夫提出了一种与交际理论相关的会话风格理论。他从不同角度把社会语言因素引入语言交际的概念。

（三）跨文化交际能力

不难发现，语言能力和交际能力中都提及了两个要素：特定环境、有效与得体。我们可以将跨文化交际能力定义为在特定环境中与来自其他文化成员进行得体、有效交际所需具备的能力，包括知识、意识与技能三方面的内容。

1.特定环境

通常来说，能力指的是一系列的才能或者是有技巧的行为。然而，能力的判定却是随着标准的不同而不断改变的。在一种环境中被认为是有能力的行为，在另一种环境中完全有可能被认为是无能的表现。例如，在西方文化中说话直截了当的风格能够被广泛地接受，可能被认为是有能力的表现；而在中国文化中，说话直截了当则可能不被接受，甚至引起他人的不快，是缺乏交际能力的表现。所以，任何能力都不能孤立地判断，而是应该放在一定的环境中。

许多研究者曾经试图通过研究成功的跨文化交际者的性格特征来解释在跨文化交际中所需具备的素质，如内外向、开放度、宽容度等。或许某些性格特征会在特定情况下对跨文化交际有所帮助，但是没有一种性格能够使交际者在所有交际情境中都游刃有余。即便交际者具备有利于跨文化交际的性格特征，也必须在特定环境中来考察他是否具备良好的跨文化交际能力。

2.有效与得体

有能力的跨文化交际者能与其他文化成员进行有效得体的交际。所谓得体，是指交际行为合理、适当，符合特定文化、特定交际情境以及交际者之间特定关系对交际的预期；有效是指交际行为得到了预期的结果。有效是交际的结果，得体是交际的过程。交际者如果能达到交际目的，交际就基本成功了。但在达到目的的过程中，不同的人可能会运用不同的方式，有的得体，有的可能稍欠妥当。如果在达到有效的同时，又能够运用十分得体的方式，就是成功的交际。因此，一个具备良好交际能力的交际者既需要运用得体的方式进行交际，也需要达到交际的目的。

　　3.知识、意识、技能

　　除了"特定环境"与"有效与得体"，上述定义中还提到了进行跨文化交际能力所必须具备的知识、意识和技能，但跨文化交际能力并不是与生俱来的，也不是偶然获得的，需要具备一定的前提条件。语言、交际、文化的关系密不可分，语言教学的目的之一是使教学对象能够运用所学语言进行交际，即具有交际能力；文化影响语言和交际，所以教授语言的理想目标是使教学对象使用所学语言在目的语的文化语境中以符合对方文化习惯的方式交际，即培养学生进行跨文化交际的能力。

　　跨文化交际能力与交际能力的定义比较类似，但是跨文化交际能力除了强调交际的得体性和有效性以外，更强调交际者与所处文化环境的关系。与交际能力的定义相类似，跨文化交际能力的概念也历经了一些演变。文化教学的目的从最初的"熟悉外国文化"转变为"培养文化意识"，再到最后的"提高跨文化交际能力"。这三个层次是依次递进的关系。"熟悉外国文化"主要是指有关文化知识的传授；"培养文化意识"建立在掌握一定文化知识的基础上，并且已经触及对文化的观察力以及对待其他文化的态度；"提高跨文化交际能力"则是在具备"文化意识"以后在实际交往中的行为与表现。这三个不同的层次正好对应了跨文化交际的三个方面：知识、意识、技能。

三、跨文化交际能力模式

　　中外很多学者从心理学、交际学和语言学等不同角度对跨文化交际模式进行了研究。《语境中的跨文化交际》从跨国公司外派人员的工作能力需求出发，提出了一种跨文化交际能力模式，包括知识因素、情感因素、心智活动特征和情境特征四个要素。他们认为知识因素是交际者对交际对象所在文化的认知，表现为交际者对目的文化的价值观念、信仰、文化模式的了解；交际者还应掌握目的语文化的语言和非语言交际脚本。跨文化交际中的情感因素指交际者对待来自不同文化的交际对象和跨文化交际行为的态度——接近或疏远，其重要特点是对跨文化交际活动产生的焦虑，即因正在进行的或预期进行的跨文化交际活动而产生恐

33

惧和焦虑的心情。跨文化交际能力中的知识因素和情感因素相互支持、相互影响，跨文化交际知识越多，跨文化交际的心理压力越小，进行跨文化交际的动机就越强；交际动机强烈，获得跨文化交际经验的机会多，积累的跨文化知识就会越来越多。跨文化交际能力中的心智活动因素是知识和情感因素的体现，内容包括语言和非语言表达以及角色扮演。语言表达指个体运用语言的能力；非语言表达指对对方文化中的肢体语言、时间语言、颜色语言、空间语言、辅助语言等非语言符号的认知。角色扮演指交际者了解目的文化对自己所扮演角色的期待，并根据自己的角色身份得体地使用语言和非语言符号，调整自己的行为模式，使自己的言行符合目的文化的要求，以适应不同文化对同一社会角色的不同期望和要求的能力。跨文化交际能力的第四个因素是发生跨文化交际的真实语境。个体可能在某一语境中表现出较强的交际能力，而在其他语境中则无法自如应对，因此交际能力的大小依语境变化。影响跨文化交际能力的情境特征包括环境语境、预先接触、地位差别和第三方的干扰等。

在分析西方学者跨文化交际能力模式的基础上，笔者认为跨文化交际能力包括基本交际能力系统、情感关系能力系统、情节能力系统和策略能力系统四类交际能力系统。基本交际能力系统包括语言和非语言行为能力、文化能力、相互交往能力和认知能力。情感关系能力系统包括情感能力和关系能力两个方面。情节能力的概念是针对语言多义现象和语境之间的关系提出的，情节是某一特定文化环境中，典型的交往序列定式，具体情节中有一套独特的语言和非语言规则。策略能力系统是指交际者因语言能力问题或语用能力问题没有达到交际目的，而采取的补救措施或策略。

在微观层面，外语教学的目的是培养学生的语言能力，包括语音、词汇、语法、篇章等语言知识和听、说、读、写、译等语言技能。在中观层面，外语教学的目的是培养学生的交际能力，主要是指语言交际能力的培养。在宏观层面，外语教学的目标是培养学生的社会文化能力，包括语言能力、语用能力和扬弃贯通能力，而扬弃贯通能力又包括了理解能力、评价能力和整合能力。

所谓理解，是认知和情感因素共同作用的结果，也是学习与体悟共同作用的结果。人们通常所说的"跨文化意识"便是对另一文化的理解能力。评价能力是学习者对所接受的文化信息进行理性评判的能力。整合能力使学习者能够将新的文化信息与已知的文化图式相结合，使其成为自己人格中的一个有机整体。如果将"文化"当成某种意义上的人的"精神食粮"，那么就不妨把"理解"当成"摄取"，把"评价"当成"消化"，把"整合"当成"吸收"。如果将社会文化能力的三个主要成分放到一个两头分别是封闭性能力和开放性能力的连续体上的话，社会文化能力三要素之间的关系就更加一目了然了。

　　语言能力基本上是一种封闭能力，可以达到"不可能学得更好"的顶点。扬弃贯通能力是典型的开放能力，因为文化是千姿百态、丰富多彩的，人们理解和评价的内容、方式和结果可能是因人而异的。对于一个外语学习者来说，社会文化能力的三个部分是相对独立而又互相联系、互相影响、互相补充的。只有完全具备了三种能力，学习者才能够通过文化学习使自己的人格主体变得更加完美、更加富有创造性。

第二节　国外对跨文化交际能力的研究

　　跨文化交际能力的构成是规划教学内容的蓝本。跨文化交际学是一门新兴学科，国外学者在跨文化交际能力方面的研究成果颇为丰富。交际能力是指以与具体环境中的个体的需要、能力、目标和交际期待基本一致的方式进行交际的能力，同时也要满足交际者自身的需要、能力、目标和交际期待。有学者指出了跨文化交际情境中使个体能够有效交际的七大行为要素：一是尊重，即个体显示出对他人价值和潜在价值的高度尊重；二是互动中的姿态，即交际中，以一种描述性，而非评价性的态度来回应对方；三是对知识的取向，即将自身的知识与认知看作个人的知识，而非四海皆准的知识；四是移情，即设身处地从对方的情况入手考虑问题，争取达到"将心比心，感同身受"；五是角色行为，即在特定的群体情境中完成相关的任务与扮演相关角色；六是互动中的管理，即适当调控交际对象的互动表现；七是对模糊性的容忍，即能够适应与预期不同的模糊情况，能够对其充分容忍而不感到过分的不适。

一、金荣渊的跨文化交际能力构成理论

　　金荣渊是跨文化交际研究领域杰出的学者，他运用社会心理学、应用语言学和社会学方法，把影响跨文化交际能力的因素结合起来，形成一个新的跨文化交际能力模式。他认为，跨文化交际能力由认知能力、情感能力和行为能力构成，三者相互联系、相互影响、不可分割。

（一）认知能力要素

　　交际是一个复杂的过程，是交际者对交际目的进行编码，形成信息，再通过

一定的渠道或者方式传达给接受者，最后由接受者解码反馈的过程。交际过程中的各个环节都受到交际双方性别、年龄、受教育程度、文化背景等因素的干扰。跨文化交际的认知能力要求交际者具有能够理解并破译不同语言和非语言编码的能力，具体包括三方面的能力。

1. 掌握目的文化的交际体系

语言是交际的主要手段之一，掌握目的文化的交际体系要求人们掌握目的文化的语言。这里的语言不只包括语言知识，还包括语用知识。语用知识能够帮助交际者得体地使用语言，如以对方习惯接受的方式表达赞扬、邀请、拒绝等意图和情感。

2. 文化理解

话语模式和行为模式基于文化，对于目的文化的理解程度决定了交际者对其话语模式与行为模式的理解和接受程度，是移情能力的基础。文化是一个宽泛的概念，其分类形式多样，一般认为文化的重心包含伦理方面、宗教方面、政治方面和经济方面。理解文化是一个浩大的工程，需要了解其历史、政治、宗教、价值观等方面的知识。

3. 认知综合能力

所谓认知综合能力是指整合信息的能力。一个高水平的跨文化交际者能够更深入地了解目的语和目的文化，从而形成一种心理倾向，能够辨别本族文化和其他文化的细微差别。

（二）情感能力要素

情感能力是跨文化交际能力的重要组成部分，要求交际者具有跨文化交际意识，尊重其他文化，具有克服民族中心主义、种族主义等交际障碍的能力。具备良好的移情能力有利于人们在行为上采取得体的交际策略。情感能力包括以下三方面内容。

1. 适应动机

适应指交际者在跨文化交际语境中适应他者文化系统的交际模式，能够按照对方习惯接受的方式交际。主体适应的速度和程度取决于主体的动机。融入对方文化动机强烈的人，接受对方文化的心理准备充分，行动积极，适应速度较快；反之，动机弱则不利于克服自身文化系统的干扰，适应速度较慢。此外，年龄对于适应也有影响，年轻人比较容易接受新的目的语文化，而年纪大的人接受起来就比较困难。

2. 身份弹性

身份弹性是一种基本的社会心理定位，涉及主体对自身、自身文化和目的文化的尊敬，即主体是否愿意改变其建立在原有文化体系上的行为模式和习惯。这种弹性或适应性有利于减少对其他文化的偏见，从而使交际者实现交际目标。

3. 审美情绪

审美情绪与移情较为接近。移情是从对方的角度看待问题，而审美情绪更加深入，指交际者在跨文化语境中的交际行为是否符合目的语文化的审美习惯。了解对方的审美习惯有利于主体欣赏、理解对方的文化产品，包括美术、音乐、体育等；同时也有利于主体理解日常生活中遇到的对方文化中的笑话、幽默及喜、怒、哀、乐等情绪的表达。

（三）行为能力要素

跨文化交际能力指主体能与不同文化背景的个人或者群体进行有效沟通的能力。交际是一种行为，交际能力体现在具体的交际行为中，所以跨文化交际的行为能力是跨文化交际能力的最终体现。行为能力的最终形成需要认知能力所获得的知识做支撑，情感能力做铺垫，即通过具体行为来表达个人的认知和情感经验。跨文化行为能力包括三方面内容：一是技术能力，包括基本的语言技能、工作技能、学术技能等一切能够获得有用信息、解决不同问题的技能；二是协同一致能力，指交际者能够以得体的举止与当地人和谐相处的能力；三是应对变化的策略能力，指交际者能够克服文化差异，运用合适的交际策略解决问题、实现交际目标的能力。

二、斯匹兹伯格的跨文化交际能力构成理论

斯匹兹伯格认为跨文化交际能力由知识、动机、技巧三个因素构成，三者相互影响、相互依存。跨文化交际能力包括足够的跨文化知识、积极的动机和有效的交际技巧，三个因素应同时具备，任何一个因素都不能单独构成跨文化交际能力。

（一）知识

知识指交际者应该了解目的文化中交际对象、语境以及人们对得体行为的要求等信息。这些知识是交际者正确解读交际对象传达的语言和非语言信息的基础，同时也是交际者选择得体交际行为的依据。缺乏跨文化交际知识，交际者便会无法确定自己的交际行为在目的文化的某一语境中是否得体、有效。

跨文化知识包括广义文化知识（涉及各国文化的知识）和狭义文化知识（涉及某一特定文化的知识）。广义文化知识从宏观上解释了跨文化交际现象，对交际者的跨文化交际行为做一般性的指导。例如，了解各国文化中存在不同的文化模式和交往规则可以帮助交际者意识到文化差异的重要性，提高他们对跨文化现象的敏感度。了解文化对人际交往模式的影响可以帮助交际者理解跨文化交际语境中交际对象的行为取向。跨文化交际还需要掌握某一特定文化的知识和常识，如该文化不同于其他文化的特点，以及其主流文化的模式和优势等。特定的跨文化交际目标要求交际者掌握特定语境的知识，如进行跨文化商务沟通要求交际者掌握目的文化中有关商务活动的常识，出国留学要掌握与学习和生活有关的文化常识等。

（二）动机

动机指交际者在预期和进行跨文化交际活动时的情感联想。与知识一样，不同的情感因素也会影响跨文化交际的效果。人类的情感包括感觉和意图。感觉指人们在与来自不同文化背景的人交际时体验到的情感状态。尽管人们总是混淆情感和思想，但是情感并不是思想。跨文化交际中，人们会有幸福、哀伤、急切、愤怒、紧张、惊讶、迷惑、轻松和快乐等情感体验。感觉涉及交际者对其他文化的敏感性，以及对交际对象和某一特定文化的态度。有的人不习惯面对不熟悉的东西，其他文化中陌生的景色、声音、味道使他们退却。因此，提高体验陌生事物的动机有利于提高跨文化交际能力。

意图或目的是指导行为的目标和计划，指导交际者在具体交际活动中的行为取向。人们对来自不同文化背景的人往往持有某种定式性的看法，这种看法可以帮助交际者缩小采取应对措施的选择范围，意图会受这种定式的影响。如果在交际行为发生之前，交际者对交际对象或其文化持有负面的看法，那么在交际中，这种负面看法会影响到对交际对象行为的客观判断。如果交际意图或目的是积极的，交际双方彼此的判断和评价准确，表明交际者跨文化交际能力较强。

（三）技巧

技巧是在跨文化交际中表现出来的得体、有效的交际行为。交际者只掌握必需的跨文化交际知识，持有积极的交际动机还不足以完成跨文化交际任务，其必须能够运用一定的行为技巧。这好比一个人想游泳，他看了很多关于如何游泳的书，掌握了游泳技巧的知识，他有强烈的游泳动机，但是他还是不会游泳，因为他没有掌握游泳的技能。

很多跨文化交际学者对斯匹兹伯格的理论加以修改，提出相似的模式。例如，研究跨文化交际能力培养的学者提出"意识"是与"知识""动机"和"技巧"同样重要的第四因素。保罗·弗莱雷认为，意识主要指对自我以及与自我相关联的人或事物的认识，包括探索、实验和体验。意识具有不可逆的特点，一旦有"意识"，便不能回到原来无意识的状态。意识可以提高认知、情感和行为技巧，因此在跨文化交际能力培养中，应该有培养跨文化交际意识的内容。

三、朱迪丝·马丁和托马斯·那卡雅玛的跨文化交际能力构成理论

朱迪丝·马丁（Judith Martin）和托马斯·那卡雅玛（Thomas Nakayama）[①]编写的《语境中的跨文化交际》一书中提出一种新的跨文化交际能力模式，包括知识因素、情感因素、心智活动因素。

（一）知识因素

跨文化交际能力中的知识因素指交际者对交际对象所在文化的了解程度，了解对方文化越多，跨文化交际能力就越强。交际者应该了解目的文化的价值观念和信仰，了解交际对象来自何种文化模式：个体主义/集体主义，高语境/低语境，高权力距离/低权力距离，高不确定性回避/低不确定性回避。交际者还应掌握目的语文化的语言和非语言交际脚本。交际理论家认为语言和非语言脚本对交际有指导作用。脚本存在于人脑的长时记忆中。一个知识经验丰富的交际者拥有较多能够指导他理解和预见交际对象的交际行为的剧本库，当他与他人交际时，他会从记忆库中找到类似的经验指导他的行动，如果他没有经历过同样的交际场景，他会将类似的经历作为参考，甚至借鉴以前观察到的他人（包括书籍、电影、电视等）的经验。在日常生活中，我们评价一个人有经验，就是这个道理。

认知的简化和僵化指交际者在与来自其他文化的人交际时，处理信息的方式过于简单僵化。金荣渊在论述文化冲突时把这种现象用作一种维度，认为人们认知的简化和僵化可以促进思维定式的形成。这种认知习惯导致个体目光狭隘，容易对其他文化产生负面的判断。有跨文化交际能力的交际者往往具有较为开放的、灵活的认知体系，而认知体系简单僵化的交际者不具备跨文化交际能力。

民族中心主义指个体以自己所在的文化或群体为中心评判其他文化和群体。民族中心主义者通常对其他文化群体持有消极的态度或采取敌对的行为，他们认为自己文化群体的价值观念最为正确，并以此为衡量一切的尺度。民族中心主义是跨文化交际能力发展的障碍，此种观念的持有者对宏观文化的理解程度较低。

---

① 一译托马斯·中山。

（二）情感因素

跨文化交际中的情感因素指交际者对待来自不同文化的交际对象和跨文化交际行为的态度——接近或疏远，其重要特点是对跨文化交际活动产生的焦虑，即对正在进行的或预期进行的跨文化交际活动产生恐惧和焦虑心情。跨文化交际焦虑程度高的人倾向于避免与来自外来文化的人交际，在他们眼里，那些人都是行为奇特的"他者"，对"他者"奇特行为的不理解使他们觉得紧张、焦虑，并因此躲避交际。

金荣渊认为个体处理心理压力的能力可以影响其接近或避免跨文化交际的态度。在跨文化交际语境中，文化差异带来潜在的不确定性，这会增加交际者的压力，有的个体善于把握压力，有的则没有掌握减轻压力的方法。有效的跨文化交际者应该在一定程度上能够容忍含混和不确定性。交际者处理压力和容忍含混的能力越强，跨文化交际能力就越高。

跨文化交际能力中的知识因素和情感因素相互支持、相互影响，跨文化交际知识越多，跨文化交际的心理压力越小，进行跨文化交际的动机也就越强；交际动机越强烈，获得跨文化交际经验的机会越多，积累的跨文化知识就会越来越多。

（三）心智活动因素

跨文化交际能力中的心智活动因素是知识和情感因素的体现，内容包括语言和非语言表达以及角色扮演。语言表达指个体如何运用语言。交际者可能了解很多目的语的语言知识，但是语用能力很差，不能在实际对话中使用目的语进行流利的表达。很多留学生到目的语国家不是为了学习语言知识，而是为了有更多的机会练习使用目的语。了解并运用目的语可以增强交际者的认知能力，提高跨文化交际质量。语言脚本可以减少不确定性，心智活动把语言脚本付诸实践，一个不了解目的语的人是不会知道目的语中基本的交际方式的，如问候、邀请、日常用语等。

非语言表达也是重要的心智活动之一。交际者要注意对方文化中肢体语言、时间语言、颜色语言、空间语言、辅助语言等非语言符号的细微差别。与语言交际的情况类似，一个具备目的文化非语言交际知识的人，不一定能够准确使用该非语言符号系统。因此，在出国之前应该刻意做一些专门的练习，提高运用非语言符号系统的能力。例如，如果准备去日本，则应该在家人和朋友面前练习鞠躬。此外，味道也是很重要的非语言符号，在出国之前应该了解目的文化对味道的喜好和日常的习惯，有的国家的人喜欢用香水或其他化妆品掩盖人体的自然味道，而很多国家的人们却不习惯使用香水。

角色扮演与语境有关，指交际者在目的文化中如何根据自己的角色身份得体地使用语言和非语言符号。人们在社会生活中扮演不同的社会角色，文化记载了社会对不同社会角色的期望和要求，是个体扮演角色的脚本；换言之，人们根据自己文化内部的角色期待扮演自己的社会角色，个体的言行符合其扮演的角色身份。文化是社会角色的行为规范，不同文化对同一社会角色言行的期待不同，跨文化交际者应了解目的文化对自己所扮演角色的期待，并调整自己的行为模式，使自己的言行符合目的文化的要求。

在美国，教师与学生尽量保持平等的关系，对学生的约束较少，学生可以自由提问，教师和学生一般使用非正式的、生活化的语言对话，所以一个美国教师在课堂上身着牛仔裤，坐在桌子上讲课可以理解为制造轻松活泼的课堂气氛；而在韩国，学生期待教师为人师表，仪表言行都应该正式、庄重，美国教师的行为在韩国文化中就不符合其扮演的角色身份要求。

不同文化对职业及性别的语言和非语言表达方式以及行为模式的期望不同，跨文化交际者要能够调整不同语境中角色身份的行为差异，以对方文化可接受的得体方式进行交际。

第三节　国内对跨文化交际能力的研究

以上内容介绍了国外跨文化交际学者在跨文化交际能力研究领域的主要成果。跨文化交际学是一门新兴学科，20世纪80年代被引入我国。国外跨文化交际学的研究多以文化人类学和交际学的理论成果为研究基础，跨文化交际能力研究的学者多为交际学家。我国研究跨文化交际学的学者多为从事外语教学的专家，研究目的不在于促进跨文化交际学这一学科的发展，而是促进外语教学的发展。研究目的的不同使跨文化交际学在我国的发展还停留在对国外理论的引进和本土化这一层面。

一、国内研究现状

国内跨文化交际学领域为引进跨文化交际学理论做出了很大贡献，编著了多本跨文化交际学作品及论文集。此外，还出版或发表了大量关于语言和文化的关系及语言教学中文化教学方面的著作和论文。

跨文化交际学在我国没有发展成独立的学科，其在英语本科阶段只以一门课程的形式出现，一些院校在外语语言文学研究生教育中把跨文化交际列为一个专业方向，主要课程包括跨文化交际学原理、中西方文化对比、语用学、社会语言学等，缺少深入研究跨文化交际学所需要的交际学原理、心理学、人类学等基础理论。我国的跨文化交际学需要科学的研究方法、系统的基础理论研究和深入的专题研究。这一方面可以推动跨文化交际学基础理论的发展；另一方面也可以完成跨文化交际学研究的本土化任务，促进中西方文化对比研究的发展。

在国内学者编著的为数不多的跨文化交际学理论类的作品中，《跨文化交际学》一书对跨文化交际能力做了比较详尽的归纳，为外语教学中应该培养学生哪些跨文化交际能力提供了线索。

二、跨文化交际能力理论

综合了不同的跨文化交际能力的分类，国内理论界总结出四类交际能力系统，包括基本交际能力系统、情感与关系能力系统、情节能力系统和策略能力系统。

（一）基本交际能力系统

基本交际能力是由交际个体为达到有效交际所应掌握的包括语言能力在内的、与社会或文化规范相关的交往能力所组成的，包括语言能力和非语言行为能力、文化能力、相互交往能力和认知能力。

1. 语言能力和非语言行为能力

语言能力包括词法、语音、语法、句法等语言知识，是指正确使用语言的能力。语言并不是唯一的沟通工具，非语言行为同样是重要的沟通工具。非语言行为虽然没有明确记载，却是每个人都知道的细致的密码。据统计，在交际中非语言交际可以占93%之多，包括用肢体语言收发信息、面部表情、目光接触、交流距离、姿态、音调等。

2. 文化能力

文化能力包括：与作业程序相关的知识；信息获取的技能与方略；处理不同的人际关系、扮演不同的社会角色、承担不同的社会身份、处理不同的情境和场合的能力；具备交际者所应具备的素质，如自我调节、对文化差异高度敏感、对非语言行为有高度的意识性；对（交际）文化取向、价值观念、世界观、生活方式等知识的了解。

3. 相互交往能力

相互交往能力包括：第一，语言行为能力，语言的社会功能，语言对情境的适应性规则的掌握；第二，交往规则或语用规则，会话合作原则，人际交往礼貌及面子原则和方略，语篇组织规则，话轮结构，毗邻对偶结构，衔接与连贯。

4. 认知能力

这里的认知能力强调认知的心理过程：描写—解释—评价。描写是对人们观察到的行为进行客观描述，没有评论，也没有任何社会意义。解释过程是对所观察到的行为进行加工，赋予意义，当然，对任何行为的解释都会有不同。评价是对解析赋予积极或消极的社会意义。人类的感觉器官本身具有一定的局限性，如产生错觉等。文化对认知起干扰作用，文化的介入使认知从描写阶段就偏离了客观的轨道，影响了最终评价，所以"眼见不一定为实"。民族中心主义就是以本民族文化为准绳，以致超越客观描述阶段，直接进入评价阶段。

（二）情感与关系能力系统

1. 情感能力

情感能力主要指移情能力，即认同和理解别人的处境、感情和动机。中国人在发展移情能力方面有些有利因素，如中国文化中有"先人后己"的价值取向，在行为上有"善解人意"的表现。

2. 关系能力

关系能力需要交际者在交往中使用正确的交际策略，交际双方应满足彼此自主和亲密交往的需要；相互吸引是建立良好关系的基础，交际以产生共识为前提，而共识又涉及文化取向、价值观念等方面的共享，共识能强化未来的进一步交往；以适应对方代替群体中心主义等。

（三）情节能力系统

情节能力的概念是针对语言多义现象和语境之间的关系提出的，情节是某一特定文化环境中典型的交往序列定式，具体情节中有一套独特的语言和非语言规则。

交际者至少应该具备四个方面的情节能力：一是在具体情节中达到人们期望的能力，期望指某一文化中人们所具备的常识性知识，是指导行为的脚本。二是在特定情节中，交际者要达到某一目的，并尽一切努力去实现的能力。三是遵循特定情境中的交往规则的能力，包括如何开始谈话和结束谈话、对对方做出反应等。四是正确应对社会情节，即在一切日常会话中反复出现的话题、惯例和礼仪性的会话行为组成交往的场景中得体应答的能力。

（四）策略能力系统

此处的策略能力不是泛指交际策略，而是指交际者因语言能力问题或语用能力问题没有达到交际目的，而采取的补救措施或策略。策略能力是交际能力的重要组成部分，包括：第一，语码转换策略，指当语言局限表达时，可在双方共享的语言中选择转借词；第二，近似语策略，指用近似语来弥补因语言能力不足带来的词语或语篇空白，包括笼统化、释意、创造新词语、重新组构；第三，合作策略，指交谈双方共同努力利用彼此已有的语言知识、文化知识解决交流障碍。

跨文化交际能力模式没有简单地综述和总结国外的研究成果，而是重新组合，使之更加全面。但是我们应该看到，我国研究跨文化交际学的学者不是专业研究该学科某一方向的专家，研究方法局限于理论综述，缺乏心理学、社会学及交际学等方面的理论基础和研究方法，没有对跨文化交际能力做出理论根基雄厚的全面诠释。作为想要借鉴跨文化交际能力理论的第二语言教学者，我们在期待、在等待我国跨文化交际学的专业化、本土化。外语教学的目标是培养跨文化交际能力，而培养哪些交际能力，需要跨文化交际学者的专业指导。

第四节　提升跨文化交际能力的策略

通过综述跨文化交际能力的构成，我们知道跨文化交际能力包括认知、情感和行为三方面的能力。对于提高跨文化交际能力，笔者有以下几点建议。

一、认识自我

"认识自我"是雕刻在阿波罗神庙廊柱上的古希腊格言。认识自我要求个体了解自身的文化、个人情感态度和交际风格。

（一）了解自身文化

文化是人们的行为指南，人们倾向于用自己本民族的价值观、社会规范和行为模式来衡量他人的行为，因此了解自身文化的特点及其优点和缺点可以帮助人们克服民族中心主义中的狭隘倾向，提高跨文化交际能力。

（二）了解自己的情感态度

处事态度往往决定交际质量，人们在与他人沟通之前，往往会有一种由预先印象或定式带来的情感态度。这些交际前的态度给交际者戴上了有色眼镜，不能如实描述他们所看到的客观现象，继而产生误解。如果交际者能够事先意识到这一点，就能在一定程度上克服先入为主的消极情绪，减少负面情绪对交际的影响。

（三）了解自己的交际风格

交际风格指交际者在交际中喜欢哪类话题，喜欢何种交际形式，如仪式化的形式、巧妙对答的形式、辩论形式等，交际者希望交际对象参与的程度，交际者喜欢的交际渠道，如语言、非语言等，以及交际者赋予信息的实际内容和情感内容的多少等。

人们在相互交往中了解对方的交际风格，却很少注意自己的交际风格。如果在交往中，你认为自己是一个开放型的人，而你的交际对象却感觉你是内向型的交际风格，那么出现交际问题的可能性就比较大。

（四）自我观察

自我观察是了解自己的交际风格、待人接物的态度等交际行为的有效方法。人们一般不会在交际中询问交际对象自己的交际风格是怎样的，或者要求对方做出评价。交际者可以根据交际对象的反应来判断、总结自己的交际风格。提高交际能力要求交际者能够认识到自己的交际风格，发扬好的方面，改正或避免失败的交际策略，克服自身的缺点。

以上四点是提高交际者自我意识的方法。认识自己不是让自己成为交际的中心，而是深入了解自己的文化，认识自己对于其他文化的态度以及自身的交际风格。虽然坦诚看待自己的行为并不容易，但是这对于提高跨文化交际能力很有帮助。

二、考虑物理环境因素和人际环境因素

（一）时间概念

交际能力较强的交际者知道时间概念的重要性，知道在何时谈论某一话题。单一时间取向文化的人，如美国人做事讲究效率，谈判或者交际风格较为直接，要求严格遵守约会时间，迟到一方要向他人表示歉意。在多向时间取向文化中，人们不严格遵守约会时间，在约会之前应该向主人确认一下时间安排。墨西哥人的商务合同可以在两到三小时的午餐休息时间内签署，并且在会议快结束时才开始谈生意的现象也经常发生。

（二）物理环境

文化定义交际，不同文化在不同语境中的交际规则大相径庭。在美国，商务谈判通常安排在会议室中，谈判双方面对面坐着，气氛略显紧张。阿拉伯人倾向于避免这种正面的冲突，他们喜欢"圆桌会议"，或者干脆席地而坐。了解非语言交际中的时空语可以帮助交际者预测目的文化中自己所处环境的交际要求，从而使举止更加得体。

（三）习俗

一个民族的文化习俗能够反映人们的价值观念和行为模式，适应当地的文化习俗和传统是一种跨文化交际能力。一种文化中的简单习俗对于不知情的人来说也是很难把握的，例如，在日本人家里做客，你会发现没有沙发或者椅子，你不知该站着，还是坐在地板上；在韩国，人们不睡床，而是睡在地板上。在出国之前，了解一些当地习俗的基本常识能够帮助你更快地适应陌生环境。

三、掌握不同的信息系统

到一个陌生文化环境中生活或者工作，或与来自其他文化的人进行交际，需要交际者掌握该种文化的信息系统，包括语言和非语言交流方式。

（一）学习语言

语言是重要的交际工具，熟练使用对方文化的语言是体会该文化的途径，学习该文化的语言是跨文化交际能力的重要方面。当然，就语言种类而言，我们不可能全都学会。在大多数国家，英语都是学校教育中主要的外国语，以英语为第二语言的人数较多。英语也是国际会议、商务往来的官方语言和通用语言。因此，如果不知道自己将来是否出国的人，可以选择学习英语。英语的普及意味着说英语的人不一定以英语为母语，所以只学习英国或者美国文化是不够的，还要学习一些泛文化的知识。

（二）认识语言和文化的关系

语言承载文化信息，反映文化传统，习语和谚语就是这样的。据统计，以英语为母语的人经常使用的习语超过一万五千多条。英语习语的特点是字面意思不是习语本身的意思，了解习语的文化含义，才可能理解并正确使用习语。交际者的教育背景和成长环境也是影响其用词及其对词义理解的一个重要因素，以英语为第二语言的交际者要在学习英语、使用英语时留意这一点。

（三）非语言交际系统

人们在交际时除使用语言符号外，还伴随大量的非语言交际符号的使用。非语言交际符号，如目光、体态、味道等，在不同文化中，意义也不同，误用或误解非语言交际符号的意思会引起误会和矛盾。跨文化交际者应该掌握目标文化中非语言交际符号的含义，并练习正确使用和解读非语言符号的意义。

四、培养移情能力

移情能力是情感能力的重要组成部分，主要指摆脱民族中心主义的束缚，不以本民族的价值观念看待和评判其他文化，设身处地为他人着想。萨莫瓦尔总结移情的六个步骤：一是承认世界的多元性，承认文化差异的存在是普遍现象；二是充分认识自我；三是悬置自我；四是以别人的视角看待问题；五是做好移情的准备；六是重塑自我。

五、学习处理冲突

无论在跨文化交际中，还是文化内部交际中，都有可能发生冲突。发生冲突的原因有很多，不同文化对冲突持不同的态度。人们一般采用以下五种方法处理冲突。

（一）退避

退避是比较常用的避免冲突的方式，也是最简单的方式之一。退避包括心理上的，如保持沉默不参与谈话，还有身体上的，如远离冲突，表明了交际者不愿意卷入的态度。

（二）和解

和解通常建立在放弃自己的立场和观点，满足他人的要求，达到他人满意的基础之上。这种策略一方面表明交际者无所谓的态度，另一方面显示交际者的软弱，因此会导致一方占另一方的便宜。

（三）竞争

竞争的策略代表交际者坚持立场、争取胜利的态度。

（四）折中

折中是找到双方都接受的途径。使用这种策略时，人们通常要牺牲某些东西以换取解决冲突的方法。

（五）合作

合作的核心是双方都想解决冲突，使用富有建设性的方法可以满足双方的目标和需要。从跨文化交际的角度来看，有的文化倾向于积极地对待冲突，而某些东方文化中，如日本，倾向于避免冲突，对待冲突的态度比较消极。个体主义的交际者在处理与集体主义交际者的冲突时，应该避免采取直接的方式，转而采取婉转、间接的方式。

第三章　跨文化交际的影响因素

人作为社会生活的主体，对自身和他人在文化方面的认识仍有待提高，只有人们在对自己、对某个人、对一个群体、对一个民族的文化身份研究清楚的情况下，往往才能够更好地"知己知彼"，与他人或不同文化背景下的人更好地交际。同时，伴随着近年来人类对人体生物方面认识的提高以及相对应的生命科学有关理论和实践内容的迅速发展，我们有更好的条件来提高对人类自身和相关文化的认识。

但是有一点需要注意，只有我们在与他人或不同文化背景下的人交际时自尊自信又不妄自菲薄，同时提高自己的审美水平和认知水平，避免出现"夜郎自大"、好坏不分、没有辨别标准的情况，才能在跨文化交际中有一个更好的表现。

第一节　环境因素

本书认为，环境对交际的影响是很大的，对跨文化交际的影响也是很大的，因此，环境的影响被排在首位。

1936年，莱文曾用 $B=f(P，E)$ 来表示交际行为及其影响因素，在他看来，交际行为（B）就是人（P）和环境（E）这两个相关要素的相互作用，他将交际行为的形成因素仅仅限定在人和环境两个方面，可见，环境是人们交际行为的核心影响因素。

同时，莱文对环境因素做了进一步分析，他提出环境可以被划分为两个不同的方面，即物理方面的环境与心理方面的环境。

另外，结合现实的有关实际情况，影响交际的环境因素往往包含三个方面的内容，它们分别是自然环境因素、社会环境因素和心理环境因素。

综上，笔者认为，环境因素对跨文化交际的影响主要分为以下几点：一是物理环境因素，主要涉及自然方面，如地理环境（地质、地貌等）、气候环境（热带、温带、寒带等）、房屋建筑的风格（是庭院类开放式的还是小型别墅类封闭式的房屋等）、是否有美丽的风景（如风景区吸引外来游客等）。二是社会环境因素，包括不同角色人物间的关系，不同身份下人物的交际联系等。三是心理环境因素，主要说的是人们对物理环境以及社会环境方面的观察和认识情况。

一、物理环境因素

对物理环境因素的有关介绍需要我们首先注意：这其中的"物理"并非我们初中就开始学习的理科类学科，而是指文科意义上的物理，即地理、气候这些方面，更偏重于地理学科所研究的内容。

（一）地理环境

通常情况下我们认为，地理环境就是平常所能见到的一系列地面上所能看到的景物、面貌等，如平原、河流、谷地、山峰之类。其实地理环境不仅包括这些方面的内容（有无平原、有无河流、有无谷地、有无山峰等），还包括其深层内容（平原面积多大、河流覆盖广度、水资源蕴含多少、山峰的形成规律以及这些资源给人们带来的影响等）。

在地理环境表层内容和深层内容的共同作用下，地理环境往往会对人们如何进行生产或获得粮食方面的时间、活动、人类的结构、人们的社会行为等方面造成影响，进而影响到人们的社会交往等一系列内容。

1. 中国

孔子说："知者乐水，仁者乐山；知者动，仁者静；知者乐，仁者寿。"程颐进一步对"知者乐水，仁者乐山"的相关思想进行分析，提到："乐者好也。知者乐于运动，若水通流；仁者乐于安定，如山之定也。知者得其乐，仁者安其常也。"在我们看来，孔子的理论将"知者"与"仁者"比为"水"与"山"，把通常人们所认为的安定的山和流动的水联系起来，"寓山于水"所代表的往往是一种亚洲大陆文化方面的特征。那么什么是亚洲大陆文化方面的特征呢？下面我们来具体论述。

我们国家的地理位置首先有一定的特点——处于一个"半包围圈"中，一半是海洋（太平洋），另一半是高山，先代的人们没有足够的能力去克服这些天然屏障，进行进一步的文化开拓，因此，在现有资源的基础上进行生产生活，进而形成了以农业发展为主，重农的小农经济，并形成了与其相应的生活习惯。在这种条件（地理位置方面的条件和气候方面的条件）下生活的人们，常常是"我耕田来你织布，我挑水来你浇园"，表现出来就是男耕女织、自给自足，不需要与外人沟通、交际等，因而，长期发展之下我国的民族性格呈现出以下几个要点：①经济方面偏于小农化；②国家方面偏于家庭化；③社会方面偏于等级化；④礼仪方面偏于规范化。

2. 西方国家

西方国家的文明发源地一般情况下被认为是在古希腊。希腊是地中海所"包围"的一个岛国，其地理特征表现为四面环海、土地资源少，尽管其气候方面（地中海气候）也允许其发展农业经济，但土地资源却限制了其农业方面的一系列发展，因此，古希腊人必须找到新的生存之道，即出国跨海与他国产生交际，以拓宽自己的生存道路和途径。

他们往往采用以下几种方式拓宽生存的道路和途径。

（1）出海探险

出海探险是把老人和孩子这些相对弱势的群体留在家乡，青壮年都出去冒险的一种生存方式。把老弱妇孺都留在故土，却把作为家庭核心的青壮年"拉出去"探险，家庭往往不像家庭，传统的家庭模式也逐渐分解。

（2）互立契约关系

古代的科技、认知等方面比现在落后得多，人们在面对大自然的凶险时，必须互帮互助、同舟共济，才能基本保证人们的安全。在这样的情况下，人们之间结成了平等的契约式关系，并为其之后航海方面和商业经济方面的发展奠定了基础，也为其他国家的文明发展起到了一定的带领作用。

（3）形成一定组织

人们探险所得的珍宝等一系列新鲜事物，往往由商人出手进行交换，商人们会集居在城里，并形成一定的组织团体，发展成为"民主式"社会。

除此之外，由于古希腊人经常活动的地点是在海上，往往就形成了好"动"的取向，求变、好奇成为海洋文化的特点，这也影响着他们形成好交际、喜欢新鲜事物、勇于创新、积极求变的民族性格。

德国哲学家黑格尔被人们认为是继承古希腊人眷恋大海精神的代表，他对海洋的赞美之词为人们所津津乐道："大海给了我们茫茫无定、浩浩无际和渺渺无限的观念；人类在大海的无限里感到他自己的无限时，他们就被激起了勇气，要去超越那有限的一切，同时也鼓励人类追求利润，从事商业活动……他便是这样从一片稳定的陆地上，移到不稳定的海面上，带着他那人造的地盘——船——这个海上的天鹅，它以敏捷巧妙的动作，破浪而前，凌波以行。"

（二）气候环境

气候环境指与气候有关的一系列方面。所谓气候，既包括我们平常所说的气温，还包括与我们生活息息相关的湿度等，是我们人类生活所必须赖以维持的物理方面的环境。它在人们的生活中形成一定"大的自然背景"，起到一定的烘托作用，对人们的交际行为产生比较微妙的作用。过去常常是"说不清，道不全"，后来人们对气候进行分类，把气候依照气温、湿度等方面的不同大致划分为寒带气候、温带气候和热带气候等，并开始将其作为我们日常生活的气候标准。

在不同的气候环境影响下，人们有着不同的生活习性。

1. 不同气候环境下人们的面貌不同

居住在不同气候环境下的人们常常会呈现出不一样的面貌，如生活在温带气候范围内的人们与生活在寒带气候范围内的人相比显得更加温和一些，而与生活在热带气候范围内的人相比，生活在温带气候范围内的人们则显得不够热情。

2. 季节变化引起的社会现象

季节或气候变化与人的社会行为的关系越来越引起人们的关注。有人发现，人在不同的季节里，身体感觉会不一样，精神状态会不一样，工作热情也会不一样，所以工作效率也就不一样。

3. 我国南方人和北方人

在我国，即使文化是相通的，但是因为人口众多、地域跨度广、气候也呈多重性，人们往往也会体现出不一样的面貌。比如我国习惯以秦岭—淮河一线为界，划分南方人和北方人。与北方人相比，南方人更注重语言方面的有关表达，喜欢发表自己的意见，但待人接物方面相对来说不够宽容，比较注重权威，生活更加细致，喜欢身体方面的接触；而北方人更加坚定有力，性格豪爽。

（三）房屋建筑的风格

一个地区的建筑物有什么样的物理结构，会使用什么方式进行装潢，往往离不开其所处地域的文化方面的熏陶和渗透。

为了读者更好地理解这部分内容，下面笔者分别以我国和美国、日本为例对跨文化交际中的不同建筑风格进行对比，并对其产生的不同影响进行论述。

1. 中、美对比

（1）中国

在地理环境的影响下，中国的房屋建筑风格是封闭的，往往表现为显露出来的"墙""园"。中国的筑墙技术闻名于世，从长城到紫禁城，从村落的土墙到家户的院墙，从四合院的砖墙到田间的竹篱笆。无论是国家还是家庭，城市还是农村，工厂还是学校，都是墙连墙，墙套墙，高的、矮的，宽的、窄的，土的、铁的、木头的、竹子的。长城万里，围定中原；城墙座座，护定都镇；小家院墙，隔划街里。

"校园""家园""公园"，所有"园"字也都是用方框围起来的。在这样的条件下，跨文化交际是不容易进行的，这也是地理环境对我国人们跨文化交际的影响。以我国的四合院为代表的高深院墙往往也能反映出一定的文化方面的内涵。传统的北京民宅里巷有着庄严肃穆之感，四合院是有等级的，是家长制的，偏正分明，主次有别。当人们走在两面高墙之下的巷道，会有压力之感，因为巷道是有权力的。但北京又是富有人情味的，会使人觉得这街、这巷与自己都有些渊源关系似的。

（2）美国

美国乡村中农户之间的空间距离可能漫无边际；进入某一所大学后可能完全分不清楚学校的起点和终端，分界线似乎是不存在的。

在这样的情况下，传统中国人和美国人在生活节奏、人际交往等方面往往也是不同的。例如，老北京的生活节奏可以说是慢悠悠的，安详宁静，充满了人情味；而纽约的生活节奏是快速的，充满了竞争和压力。北京的四合院主次分明，相互依存，渗透着等级差异，而纽约林立的高楼大厦是平等的、独立的；老北京人的人际交往是迂回的、含蓄的、模棱两可的，纽约人的人际交往是直截了当的、坦诚直率的、赤裸裸的；北京城是"静"的城市，崇尚精神，与自然和谐；纽约是"动"的城市，崇尚物质，与自然竞争。

可以说，完全不同的城市建筑影响了两国人民的思维方式和交际风格。

2. 美、日对比

（1）房间的用途方面

在美国，各个房间都有专门的用途，例如，专门用来吃饭的餐厅、专门用来睡觉的卧室、专门用来做饭的厨房、专门用来接待客人的客厅等；而在日本，吃饭所需要的餐厅、睡觉所需要的卧室、做饭所需要的厨房、接待客人所需要的客厅等，全都可以由一个房间完成，并不冲突。

（2）浴卫安置习惯方面

美国人有把浴室与卫生间安放在一起的习惯，而在日本人的房子里，浴室与卫生间是一定会被分开的，根本不可能会看到浴卫共处一室的现象。

二、社会环境

这里所说的社会环境主要指人们的角色关系和人际关系，下面我们分别对其进行具体介绍。

（一）角色关系

1. 社会角色的概念

通常情况下我们认为，社会角色是人们把与戏剧有关的一系列术语引进到社会学中。而社会不仅仅是人类所创造的活动场所，它还是由各种不同社会角色构成的。

2. 社会角色的不同标准

那么，我们又如何对自己的角色以及角色行为进行规范定位呢？我们做到什么样子，社会才会认同我们的所作所为呢？下面我们列出几个参考标准：①是否对自己所应当扮演的角色进行准确的定位。②对角色定位之后，是否具有一定的角色标准。③准确定位角色，具有一定角色标准后，能不能够满足角色方面的有关要求。

（二）人际关系

1. 中西方社会人际关系格局介绍及差异对比

（1）中国社会人际关系格局

中国社会的人际关系格局从古至今变化不大。其原因主要有以下几个方面。

一是社会基石的不变性。人际关系的形成往往离不开社会结构，对我国来说，宗法关系是我们社会结构形成的核心和基础，宗法意识的影响一直存在，渗透在人际关系的网络中。

二是伦理纲常的稳定性。伦理纲常的稳定性也是我国人际关系格局稳定的一个重要原因。

（2）西方社会崇尚的人际关系格局

西方社会的人际关系格局的具体发展历史如下。

一是较早摆脱"血缘关系"纽带。从有关的历史文化方面、人类社会发展方面的一系列视角来看，西方国家的人当初被海洋包围，面对各种原因下对外联系的阻断和内部矛盾的不断上升，以商业活动为起点，以武力征服为手段，以获得更加广阔的发展空间为目的，进行对新大陆的不断探索和迁移方面的活动。这使他们的血缘纽带无法得到稳定维持和继续，因而以财产关系，即资本关系为基础的交际纽带就此形成。另外，民主政治家克里斯提尼推动了旨在打破和改造雅典社会结构所残存的血缘姓族结构的政治改革，这也为新的人际关系格局的形成起到了非常重要的作用。

新的社会结构关系直接宣布废除世袭世禄的种族血缘纽带制度网络，让人民选举国家公职人员，使人们的平等意识逐渐萌生并发展，等级制度逐渐被取消并形成新的人际关系格局——民主政治。

二是新时期西方国家的法律平等。1776 年，美国政府颁布的《独立宣言》体现了资产阶级的自由平等的民主原则。《独立宣言》指出：人类生来平等，造物主赋予了他们与生俱来的权利，即生存、自由、追求幸福的权利。政府是为了实现这些权利而设置的。

1791 年，法国国民议会颁布的《人权宣言》促进了资本主义的发展。《人权宣言》指出：就人民权利而言，人类生而平等并且只能平等，人各有身，身各自由，为上者不能压抑之、束缚之也。这些在世界历史上具有重要意义的历史事件成为奠定西方社会平等人际关系的基石。

（3）中西方社会人际关系格局的差异对比

身份指自身所处的地位。人的社会地位不仅仅包括其在社会中的地位，往往还包括其在家庭中的地位。具体来说，主要是从人们进行交际活动时的一系列行为表现中体现出来的。

我们国家的人在做事时往往会考虑自己应不应该做某件事，主要就是根据自己的社会身份来进行思考的。不按自己的社会身份行事，那就有可能越矩。某一身份的人该做什么、不该做什么，以及该说什么、不该说什么等，往往也都是人们依据该人的社会身份以及该人所处的社会地位来进行评价的。

我们国家的人也特别重视人们之间的各种关系网络。关系网常常能反映出一个人的影响力的大小。"关系"资源能给人们带来机遇，往往有"关系"就有效率，有"关系"就有人脉，有"关系"就有发展前景，有"关系"就能够在市场环境下创造一定的利益。因此，人们急于在社会中维系各种关系网络，为自己今后的发展做更好的打算。在这样的情况下，人们往往对"关系"颇有微词，但是从实际来看，"关系"网的形成和发展对维护社会关系的融洽、人际关系的和谐有非常好的影响。

西方社会十分重视人格独立，可以从人们之间互相尊重的相关内容中体现出来。"互相尊重"体现为"不侵犯隐私"，这也是西方社会不提倡互相帮助（主要指无缘无故地帮助别人的行为和想法）的主要原因。在他们眼里，无缘无故地帮助他人往往才是不尊重他人的表现。

2.人际关系取向的文化类型和比较分析

人际关系的类型包括可选择和不可选择的、长期和短期的、有血缘关系和没血缘关系的，等等。结合跨文化交际的相关知识，有学者将人际关系划分为三种类型，它们分别是工具型、情感型和混合型。

为了读者更好地理解这部分内容，笔者分别对其进行论述，具体如下。一是工具型人际关系取向。工具型人际关系取向是指人与人之间为了达到某种目的或者为了取得一定方面或数量的利益而建立起来的一种短暂、松散、容易分崩离析的人际关系。其往往只是一种临时性的手段，不具有长期性。二是情感型人际关系取向。它是在相互信任、相互了解的基础上建立起来的一种黏性非常大的持久、牢固和稳定的人际关系类型。其往往影响关系较多，因而容易产生矛盾并造成情感方面的一系列危机。三是混合型人际关系取向。简单地说，这是一种既有情感性又有工具性的混合式人际关系模式。通常情况下，属于该类型人际关系的交际双方往往互相认识，有一定情感但情感不深。其包括的对象比较多，如可以天天见面的邻居、工作中相处不错的同事、在学校一起求学的同学等，他们是人际关系网的一部分，虽不主要，但也不可缺少。这种人际关系的存在及其是否能持久，往往取决于人与人之间的人情是否相互持续往来。在此基础上，笔者分别对中国和西方社会的人际关系取向进行分类说明。

（1）中国社会的人际关系取向

如果我们用以上三种人际关系取向类型来看待不同文化（中国和西方）的选择，那么其中所能够体现出来的差异是显而易见的。一般来看，中国社会的人际关系往往更加偏向于情感型人际关系和混合型人际关系。

中国社会非常注重人情（常常会要求"礼尚往来""滴水之恩，当涌泉相报"）和面子（"为朋友两肋插刀"），而情感型人际关系对我们国家的人来说往往是人们最基本的需求。人们常常认为只要满足了情感就可以"生活得有意义"。

混合型人际关系对我们国家的人来说，往往是生存、发展的基本条件，是人际关系方面的上层内容和要求。另外，因为混合型人际关系取向本身具有两重性，既有情感性，又有功利性，因此我们要对其进行重点而全面的分析。

（2）西方社会的人际关系取向

一般来看，以美国为代表的西方社会的人际关系常常表现为"工具型"，在这样的情况之下，人们往往会发现该社会中的人们在人际交往中很少顾及人情、面子，反而是公事公办、不讲情面。

在交易时这种关系惯常以"公平交易"为准则，按法则办事，即使是亲朋好友也要"人"和"事"两清，即把人情和事情分得清清楚楚。在公务处理上，不受感情驾驭，而以客观法则为准，对事不对人，公私分明。即便是亲人之间，往往也是会把这种"公平交易"和"公事公办"严格遵守下去，这也常常让我们中国人不理解。

长篇小说《喜福会》中丽娜和她的丈夫哈德罗一直平摊各种"费用"，这令传统的中国岳母觉得疑惑不解——太过斤斤计较的生活如何能够继续下去，而在他们夫妻俩（丽娜和她的丈夫哈德罗）眼里，这种"斤斤计较"的方式却很正常，"唯有如此，我们才能排除一切错觉，一切捆绑感情的束缚，从而达到相互间真正的平等尊重"。虽然这本小说有一定的虚构性在里面，但其中所反映出来的中美文化差异的冲突是生活中真实存在的。另外，不同文化对人际关系取向的选择往往会让人们的一些行为习惯产生一些完全不同的结果，因而常常会有中美双方待人处事方面的完全不同的态度和策略。

在这样的条件之下，具有完全不同的人际关系取向的中国人和西方人交朋友肯定会产生矛盾，中国人会觉得西方人不通情理，或不够"哥们"，而西方人会觉得中国人太重感情、太不理智。

三、心理环境

（一）单从隐私角度来说心理环境

一种说法认为：心理环境从跨文化交际角度来说，集中体现在"隐私"这一概念上。隐私往往与客观环境有很大关系，它涉及人们如何对待和利用环境因素，如何控制和调节与他人的交往。它还制约着我们与谁交往和不与谁交往，在什么时候以及什么地方与人交往，同别人交往到什么程度。

下面笔者分别对其进行具体介绍，以便帮助读者更好地理解这些内容。

1. 隐私观念的差异

中西方在个人隐私方面的差异是一种客观存在，因此各自对隐私的调节机制也完全不同。

中国人常把感情，如喜怒哀乐、爱憎好恶以及个人态度等，当作隐私，我们对隐私采用的是自我节制的心理压缩方式。我们常常把自己的真实感情和态度深深地埋在心里，不暴露出来，以适应群体取向或达到社会和谐。

美国人则使用物理环境来调节隐私，他们通过关闭的门来保护自己，不论寝室、办公室、家庭中的卫生间还是书房的门都用来保护隐私，一旦门被关上，就自动传递出"请勿打扰"的信息。或者他们会去一个完全陌生的环境，没有任何熟人，以保持自己的独处。

综上所述，中西方在"隐私观"方面的一系列差异，是有一定的合理性的，也基本上是受到其所处的特定文化影响下的产物，需要我们在跨文化交际中对此有一定的了解和注意。

2. 态度

有很多心理学家认为：研究不同文化下人们的交际态度，有助于引导人们进行一系列比较有效的跨文化交际。

什么是态度？可以这样去理解，态度即对人、对事的一种心理倾向，它往往能够决定人们是积极地、肯定地还是消极地、否定地对待某人、某事或某种行为。其往往包括以下几个方面，即认知、情感、行为意向。

（1）认知

"认知"是人们对某种对象所持的思想、信念及知识，它是指人或物被感知到的方式。比如，我们之中许多人可能会对其他不同肤色的人种或多或少有一个既定认知，如日本人比较知礼仪、懂茶道，德国人较为严谨，犹太人比较聪明等。另外，一个人对其他事物的认知往往也是基于对其他事物了解基础上的反映。

（2）情感

"情感"是人们对某种对象所持有的主观方面的喜好程度的表现。

（3）行为意向

一般来看，"行为意向"是人们可能会采取的某种行为的反映。

在这三个基础之上，人们形成了自己的态度。一般情况下，态度具有以下几个方面的功能。一是功利实现功能，人们持有某种态度是因为可以得到某种利益。比如，商家对消费者的"客户至上"的原则，下级对上级的"谄媚"的态度等。二是自我防御功能，人们通过某种态度来保护他们的自身利益和自我形象。比如，人们对非法分子的排斥等，主要是为了保护自身的生理、心理的安全。三是价值表现功能，人们用态度来表示自尊，并肯定自我形象。比如，运动员的坚持不懈既是对自己负责，也是对观众和教练负责，是一种担当意识的体现。四是客体认知功能，人们持有某种态度来证明他们拥有支配世界的知识。比如，专家所具有的对某一方面的知识的自信态度。

（二）从对物理环境的观察和看法来说心理环境

心理环境指的是人们对物理环境和如何利用物理环境的认知和看法，主要体现为以下三个方面的内容。

1. 对私人权的看法

私人权的概念与隐私的观点有些类似但不一样，主要是从我们对物理环境的观察的角度来说的。私人权是指对进入自我或某个群体的（人与事的）有选择的控制。私人权的理论核心在于对私人界线相关内容的定位和把握。

威斯汀对私人权的分类可以表示为以下四种：独处（自己独自在一个区域，别人往往是看不到的）、私下（某两个或多个人形成的一定的小圈子）、匿名（隐藏姓名等身份标识）、矜持（有一条心理界线在内心深处）。

以"矜持"为例进行说明。在爪哇国（今印尼岛屿），人们的家里往往会感到自己仿佛身处一个公共场所，需要注意自己的行为是否得体，需要注意自己的说话声音有没有影响到别人，需要注意自己的礼仪有没有做得很好、很标准，在人们说话的过程中总会觉得缺少一种"直来直往"的感觉，会觉得有些压抑。这是一种爪哇国式"心理屏障"。

2. 对时间的使用

文化导致的生活时间模式也属于心理环境的一部分。这些模式定义什么时间适合做某事，同时做多少事才是恰当的。霍尔区分了单向记时间与多向记时间的概念。

所谓单向记时间就是人们把时间看成线性物质，把时间细分（细分的维度要求从过去一直到未来），在这样的条件和要求之下，一段时间往往只用来做一件事。不过需要我们注意的是正在进行的某一个时间段内的活动常常会在进入高潮时突然地因为时间方面的原因而"被迫"中断，无法继续，相对来说，发达国家的例子比较多，如美国文化与欧洲文化。

多向记时间就是把时间看成整体，不对时间进行细致划分（看重的是正在进行的活动而非时间，看重的是活动项目的完成与否），在这样的条件和要求之下，人们可以同时处理几件事情。

3. 环境的交往潜能

所谓交往潜能是指环境提供给人们与陌生人交往的潜能。在一定场景中的群体范围越大，人们与外界产生交际活动的可能性越小；环境的"异质性"越大，跨群体交际的可能性越大。另外，在本民族文化成员间维系的一定范围、数量的关系网也因关系网质量的不同影响着人们之间的交际，尤其是我们在异国文化的环境中，本民族移民的关系网越发达，越会形成一定的、固定范围和人群的交际行为，在这样的情况下该民族关系网内部的人群往往更少地参与该移民国的主流文化活动。

总之，人们总是被与自己相似的人所吸引，想象在环境中总有与自己相似的其他人。

第二节　语言文化因素

一、高低语境背景

高语境文化和低语境文化之间的差异主要表现在同质性差异和所需求的语言信息量的差异两个方面，下面把它与跨文化交际联系起来简单进行介绍。

（一）同质性差异

高语境文化国家的人们之间相互交际的过程往往是在同一语境下进行的，因而人们对该语境内容要素的认识基本较为相似，不会产生很大的分歧，也不需要进行各种各样的具体的说明；低语境文化国家的人们之间进行交际时对该语境内容要素的认识往往不一样，会产生很大的分歧，需要进行各种各样的具体的说明。

（二）所需求的语言信息量的差异

高语境文化国家的人们在进行交际的过程中，往往只是把话语说到他们自己认为该说的地方，不再多说，不再进行具体解释，以免对方不悦；低语境文化国家的人们在进行交际的过程中，往往希望对方说得尽可能清楚一些，避免出现类似表意模糊之类的问题影响自己对语义的准确把握，以便自己更好地了解对方的详细语义。因此，双方在高低语境背景不同的情况下，往往在跨文化交际的过程中会发生一系列矛盾，如对某方面内容不理解想听解释的人却听不到对方的解释，对某方面内容理解不想听对方解释的人却要耐心倾听对方的解释。

二、社会文化身份

在跨文化交际中，影响人们进行交际的社会文化身份有很多，主要包括文化身份、民族身份、年龄身份等。

（一）文化身份

跨文化交际需要对文化身份的相关内容进行了解。只有我们知道了文化身份是什么，其中包含什么、不包含什么，才能有目的性地去对事物进行更深层次的认识。文化身份主要涵盖的点是人们的文化层面的价值观，如非常肯定美国文化的美国人与不太肯定美国文化的美国人的不同表现。非常肯定美国文化的美国人往往表现为对自由、独立的向往，这与他们背后的文化背景是非常相吻合的，同样，也要比不太肯定美国文化的美国人表现得更加激进一些。

跨文化交际需要考虑人们对文化身份的认同强度。一般来看，不同的人对文化的认同强度肯定有所差异。例如，有的人非常认同，就算出国后进入他国文化也还是会注意自己原来的文化身份；有的人就不太认同，出国后立马对他国文化表现出"高"一等的喜欢，甚至更改国籍。

（二）民族身份

跨文化交际需要对民族身份的相关内容进行了解。对某人民族身份的了解主要是指对某人身上"民族标签"的了解——交际双方常常会在跨文化交际中注意观察对方的民族类别（民族类别的划分往往是以种族、国籍等不同要素为基础综合得来的）。民族标签具有不稳定性，往往容易贴错。

跨文化交际者所使用的民族标签在其他人看来是携带大量信息的，主要包括他们所喜欢的称谓，所喜欢的有关民族方面的不同身份等。

综上所述，要理解跨文化中人们的交际，不仅要对他们的不同文化身份与民族身份进行了解和掌握，还要在了解和掌握的基础上加以充分运用。

（三）年龄身份

年龄身份在交际中的作用是显而易见的。在人际交往开始的活动中，年龄信息瞬间就会被人们捕捉到，如对方是孩子、青年、中年还是老年，与自己年龄是否相当。

另外，跨年龄交际中也存在着文化方面的差异，具体表现如下：个体主义文化中年轻人往往是主角；而在集体主义文化中，老年人往往会获得比较高的地位，这时年龄会具有一定的"决定"地位，常常年纪越大的人地位越高。

三、教育文化

跨文化交际的具体情况也与我们国家的教育方面有关，主要包括以下三个方面的内容，即教材、教师、考试。

（一）教材

教材方面的作用主要说的是教材的编写，在学生的跨文化交际能力培养过程中，教材起着重要的作用。教材的内容应该能够体现出中西方文化的差异，人物对话应是实际生活中人们进行交际时使用的语言。学生交际能力的高低与教材编写有着直接的联系。

（二）教师

教师方面的作用主要说的是教师的引导。除了教材，教师也起着关键的作用。要达到培养学生跨文化交际能力的目标，还要靠教师引导学生随时随地挖掘其中的文化信息，使他们在习得语言的同时，拓宽自己的文化视野。只有注意语言和文化的结合，知其然并知其所以然，在外语教学过程中充分体现语言教学的人文性，我们的外语教学和学习才是完整的，才能达到预期的效果。

（三）考试

考试方面的作用是指考试的导向作用。要搞好素质教育，必须进行改革。社会虽对学生的跨文化交际能力提出了要求，也提供了部分条件，但由于很多外语考试制度的不完善，外语课素质教育和培养交际能力的目标在贯彻时往往让许多教师知难而退。

第三节 心理因素

刻板印象和民族中心主义是影响跨文化交际的心理因素，让人们对交际对方的行为产生期待。反过来，人们的期待又会影响对对方的行为的解读和对对方行为的预测。高度民族中心主义者倾向于从自己文化的角度去解读他者的行为，并且期望他者的行为表现与自己相类似。这无疑会导致对他者信息的误读和对他者未来信息的误测。

下面就简单地论述刻板印象和民族中心主义这两个主要心理因素对跨文化交际的影响。

一、刻板印象

（一）刻板印象简述

李普曼认为刻板印象就是脑中的图像。他指出，刻板印象由两部分组成，即认知与情感。它会影响我们对某一群体感情的认知表达。

布朗提出了作为心理表达的刻板印象的三个方面，具体如下：①人总是以易辨性的特点（如性别或种族等）来分类的。②每一类别有一系列的特性，这些特性属于所有或大多数该类别的成员，即属于同一刻板印象群体的人被认为彼此相似。③一组特性属于该类别的每一个人。

布朗的观点与大多数作者视刻板印象为其他群体的心理表达是一致的。我们在见面的瞬间就对对方产生了刻板印象，通常，我们会根据视觉线索如肤色、身高、身形、社会角色等对对方进行分类。我们的分类通常是在无意识状态中完成的。

（二）刻板印象的应用

1. 刻板印象在媒体中的应用

社会刻板印象经常用在媒体中，因此，我们也从媒体中学到了很多刻板印象。例如，在美国，周六上午的卡通片里的坏蛋都是非欧裔美国人；残疾人的形象总是痛苦的、自怜的、难适应的，健康人总难以接受残疾人的身份，等等。可以说，媒体中呈现的很大比例的对老人、残疾人和非欧裔美国人的刻板印象是负面的、不准确的。

2. 刻板印象在广告中的应用

刻板印象还在广告中使用颇广。如一个有关清洁服务公司的商业广告，声称其服务具有"德国人的彻底、瑞典人的无瑕、波兰人的灵活、瑞士人的谨慎"。

（三）刻板印象的内容和一致性程度

自 1933 年以来，美国的有关专家学者就个人刻板印象问题在十个国家或民族（如美国人、非裔美国人、中国人、英国人、德国人、爱尔兰人、意大利人、犹太人、日本人、土耳其人）中做了一系列的调查研究，以此来分析个人刻板印象的内容和一致性的程度。

在欧裔美国人实验中，大多数人认为德国人喜欢喝啤酒，意大利人忠实于家庭，非裔美国人喜欢听大量的音乐并且喜欢吵吵闹闹，苏格兰人喜欢喝威士忌，英国人竞争性强，犹太人非常宗教化和富裕，美国人重形式，中国人守纪律，日本人有科学的头脑并且守纪律，土耳其人非常宗教化，等等。

在非欧裔美国人实验中，大多数人认为德国人喜欢喝啤酒，意大利人大男子气，非裔美国人爱音乐且坚强，苏格兰人喜欢喝威士忌，英国人以自我为中心，中国人和日本人忠于家庭，土耳其人有文化，等等。

这些结果显示出欧裔美国人和非欧裔美国人的刻板印象的相同与不同之处，但同时可以看出大体上它们是一致的。

结论也表明，刻板印象会随着时间的推移而发生变化。有的刻板印象会变得受人欢迎，有的会变得不受欢迎。

（四）刻板印象的影响

1.影响我们处理信息的方式

刻板印象影响着我们处理信息的方式。我们总是容易记住对于自己群体有益的信息，以及对于他人群体不利的信息。这样反过来又影响我们对圈内与圈外人员的信息解读。我们处理信息时总是受先前存在的信仰系统的影响。

2.让我们对他人产生期待

刻板印象令我们对他人的行为产生期待。我们往往认为我们的期望是正确的，而且总是按这种认定去行动。在与陌生人的交际中，我们总是无意识地试图去证实我们的期望。我们对对方的言辞和行为的解读、推论与判断总是要与事先存在的信念与印象保持一致。

（五）刻板印象的形成原因

对陌生人的刻板印象的形成与权力关系有关。因为，当我们的权力高于他们时，我们一般就不去注意个性化的信息。而低地位的群体会认识到自己群体的劣势地位，而倾向于减少个人对歧视的脆弱性以便极力维护自尊。

一种阻止刻板印象影响我们行为的方法是抑制我们的刻板印象。然而，这种方法通常难起作用，甚至会导致更多的刻板印象。

在跨文化交际中，我们往往根据他人的肤色、衣着、口音等进行分类，而并不采用他人的自我分类。但我们对他人的分类有时是不准确的，有可能把他分在一个他本人不认同的地方。这点与包括民族在内的所有社会分类相同。在前面，我们谈到了民族身份与文化身份的认同程度问题。

我们对一群陌生人进行归类时，如果他们并不强烈认同自己的民族却强烈认同以民族为基础的文化，那么我们的预测很可能是不准确的。如果要归类一群强烈认同自己民族的陌生人，尽管他们不强烈地认同自己的文化，以民族为基础的预测倒很可能是准确的。

二、民族中心主义

（一）民族中心主义的基本内涵

ethnocentrism（民族中心主义）一词是从希腊语的两个词——ethnos（国家）和 centron（中心）演化而来的。这意味着当我们把我们的国家看成世界中心时，民族中心主义就出现了。实际上，这个概念用得更广。

就某种程度来说，每个人都是民族中心主义的。因为我们是民族中心主义的，因此我们能够把我们自己的文化价值观和做事情的规则看得更真、更自然。

民族中心主义的一个主要后果是我们认为自己群体的价值观与处事方法是高于和优于其他群体的。另一个后果是它使我们与他人交往时感到焦虑。民族中心主义存在于一切文化当中。

（二）民族中心主义的特征

民族中心主义同恐外症不同。恐外症是指对陌生人感到恐惧。克莱格指出，这种恐惧是我们每个人都会有的，是自然的恐惧感。恐外症的理由是陌生人被看成对我们社会稳定性的威胁。民族中心主义并已成为我们生活中不易察觉却无时不在的一部分。

（三）民族中心主义的对立面：文化相对论

民族中心主义的对立面就是文化相对论。所谓文化相对论，就是从他者文化或其他群体的背景出发去理解别人的行为。如果我们只用我们的文化和民族的框架为参照，就没法理解对方的行为。

库伊特曾在一本 20 世纪 70 年代出版的小学课本教师参考书的后记里写到，他直到在大学里才学习了其他文化。其实，在小学一年级他就该学。小学一年级的学生应该了解世界上有成千上万种文化，每种文化都自成一体，发挥着文化应有的作用。

所有的文化起作用是因信仰而非真理。在我们的社会里，有各种各样的选择。文化相对论是能防御的、有吸引力的，是一个希望的来源。它意味着如果我们不喜欢，我们就可以停止这种，去选择另一种。为了理解陌生人的行为，一定程度的文化相对论是必要的。

然而，文化相对论会不会扩展到道德相对论？这是个值得探讨的问题。影片《刮痧》中所反映出来的问题，可以说是对文化相对论的一个注脚。刮痧，在中国是中医的一部分，是流传了几千年的行之有效的治疗良法。可美国人只看到皮肤的表浅部分，认为孩子背上又红又紫，一定是受到了虐待。根据美国法律，该孩子应受国家儿童福利局照管，其父母则需受法律制裁，看得观众唏嘘不已。

（四）民族中心主义的影响

1. 维持内部完整性

罗森布拉特认为民族中心主义为维持内部群体的完整性起了以下几方面的作用。

（1）群体生存

具有高度民族中心主义与高度国家主义的群体在有外力威胁时更有可能生存下去。

（2）报偿明确

管理效能提高了，如政策力、决定权、劳动的划分、群体福利的提高。

（3）增加了同质性

群体内部有了更多的同质的态度，更有内聚力以及一致性。

（4）更有生命力与持续性

以持续性和能量来解决影响群体的问题。

（5）对付外人时更从容

群体内对维护群体的强烈的奉献精神使他们在对待外人时更从容。

（6）减少了社会的无组织性

群体内部的组织性加强了。

（7）增加了领导的任期

领导们很可能留在领导岗位上较长时间。

（8）新纠纷

在同质化的压力下，群体内部的纷争常出现。

（9）对外人的错误认识

由于认识有误，有关他者群体成员的特性的看法是不准确的。

（10）促进学习

当一致化的压力很普遍时，学习正确的群体内部行为就容易了。

所以，民族中心主义对群体内部起着积极的作用，满足了群体成员的生活需要，加强了群体内部的团结，使群体具有更大的内聚力，但对他者群体的作用是负面的。

2. 导致交际障碍

就跨文化交际来说，高度的民族中心主义会导致交际障碍。

具体来说，民族中心主义会导致对他者群体的错误认识。这种错误认识会让我们对陌生人的行为解读不准确。也就是说，民族中心主义导致我们将自己的文化框架作为参照去解读陌生人的行为，结果却误读了陌生人的行为信息。如果我们不懂陌生人的行为，要进行有效的跨文化交际则是不可能的。跨群体方面的认识影响着我们对陌生人的说话方式。我们说话的速度与音调会因感情距离的不同而不同。

交际距离是不能直接衡量的，甚至是不可见的。但当我们听见一些词语和表达时，我们能够肯定它的存在。换言之，我们在交谈的过程中能够意识到交际距离的存在，在很大程度上是基于某种语言手段的。

卢肯斯扩展了交际距离的概念，以便涵盖民族中心主义谈话。因为，民族中心主义谈话反映了三种交际距离：①漠不关心。这是指人们对异文化的人表现得缺乏关心，对文化差异不敏感。②避免。这是指人们避免或限制与其他群体的交往。③轻视或贬低。这是指人们对其他群体表现出敌意和轻视。

卢肯斯把这三种距离分别与低、中、高三种不同的民族中心主义联系起来。这三种交际距离是基于不同程度的民族中心主义的，并且是通过语言模式来展现的。但民族中心主义只是一个硬币的一面，另一面是文化相对论。

文化相对论的观点认为，要理解一种文化中人们的价值观与行为，就要以该种文化作为参照。民族中心主义与文化相对论经常是分别进行讨论的，它们是两种不同的态度。它们就像一个硬币的正反两面。高度的民族中心主义与高度的文化相对论可以看成一个态度连续体的两端。我们可以列六个点在这个连续体上：高度的民族中心主义、中度的民族中心主义、低度的民族中心主义、低度的文化相对论、中度的文化相对论和高度的文化相对论。这六个点分别反映了不同的交际距离。

当然，假如我们不愿对我们的刻板印象打个问号，我们就永远不能对陌生人进行准确的心理文化预测。也就是说，如果我们一直相信刻板印象的话，我们就永远不可能认识作为个人的陌生人。

　　民族中心主义让我们用自己的文化标准来解读与判断陌生人的行为。这种倾向不可避免地引起我们对陌生人的行为误读，增加彼此误解的可能性。既然我们每个人都无法避免受民族中心主义与偏见的影响，我们就应该有意识地控制我们的态度，以便让我们进行真正有效的跨文化交际。跨文化交际的双方分别受彼此所属的群体、彼此的角色以及如何定义人际关系的影响。

第四章　跨文化非语言交际

第一节　非语言交际

一、非语言交际的内涵

非语言交际是人类交际的重要组成部分，是跨文化交际的主要形式之一。以下几种比较有代表性的定义会帮助人们理解非语言交际的特点。

一是一切不使用语言进行的交际活动统称为非语言交际。

二是通过多种交际渠道进行有意和无意的编码与解码的非语言行为。

三是非语言交际涉及所有在一种交际情境中发出者自己生成的以及他（她）对环境利用形成的非语言刺激。这些刺激对发出者或接受者具有潜在的信息价值。

以上三种定义强调了非语言交际的特点：非语言交际不包括语言，而是包括了各种非语言的交际行为；非语言交际具有互动性，涉及信息的发出者和接受者的编码和解码过程；非语言交际是在特定情境中产生的，与语境有密切的关系；非语言交际可能是有意的，也可能是无意的。

非语言交际的种类繁多，一般认为，与跨文化交际密切相关的主要有以下四类。

（一）体态语

体态语又称身体语言，包括外貌服饰、面部表情、眼神交流、手势、姿势、身体接触等。

（二）副语言

副语言又称伴随语言，指的是人们发出的没有固定语义的声音，包括音高、音量、语速、话轮转换等。

（三）时间观念

时间观念又称时间学，指的是人们如何对待和使用非正式的时间，例如人们对准时、预约、计划性、最后期限等问题的看法和处理方式等。

（四）空间利用

空间利用又称距离学，包括个人空间、人体距离、座位安排、家具排列等方面。

二、非语言交际的特点

非语言交际与语言交际在有些方面具有相似性，在有些方面又表现出各自不同的特点。非语言交际的特点主要体现在以下几个方面。

（一）非语言行为可能是有意的，也可能是无意的

非语言行为中有些只是生理反应或个人习惯，有些则有明确意图。例如，人们面带微笑来表示友好和亲切，佩戴首饰来表现自己的品位和时尚，这些基本都是有意识的非语言行为。但是有些时候非语言行为是无意的，在跨文化交际中，无意的非语言行为被理解为有意的行为时，误解往往就会产生。

（二）非语言行为具有文化规约性

非语言行为与意义之间没有必然的联系，它的含义受到特定文化的影响。也就是说，每种文化的非语言行为都有特定的含义和规则。西方文化中，耸肩的动作表示"我不知道"或者"无可奈何"的意思，但是在亚洲文化中，这个动作没有特别的含义，也很少有人做这个动作。由于非语言行为具有文化规约性，在一种文化中得体的非语言行为，到了另一种文化中却可能会变成冒犯。中国的长辈常以摸孩子的头来表示喜爱和鼓励，而在泰国等佛教国家，触摸头部是一种严重的冒犯。

（三）非语言行为受到语境制约

非语言行为的含义和规则不仅受到文化的影响，还受到语境因素的制约。语境因素包括交际双方的社会阶层、地位、教育程度、性别、年龄、个人爱好和性格等。有些非语言行为在有些语境中是合适的，而在另外的语境中就可能是不合适的。西方人见面喜欢拥抱和亲吻面颊，但是男性和男性之间的亲吻却是禁忌。西方文化强调准时，与工作相关的正式约会如果迟到是很不礼貌的事情，但是社交聚会时的迟到是容易接受的。因此，理解不同文化的非语言行为的特点时，应该考虑具体的语境，不能做过度概括。

（四）非语言行为具有模糊性

与语言行为的明确性和系统性相比，非语言行为具有模糊性。由于非语言行为可能是有意的，也可能是无意的，而且由于非语言行为的含义受到交际语境的影响，所以人们对非语言行为的含义或意图很难确定。非语言行为的模糊性给跨文化交际带来了困难。例如，当来自两种不同文化背景的人在谈判时，如果一方保持沉默，另一方是很难理解这种沉默是表示赞同，还是表示反对或拒绝。

三、非语言交际的功能

非语言交际不仅具有以上特点，还具有以下这些重要功能。不少学者强调，非语言交际是交际中不可缺少的组成部分，而且大部分的交际信息是通过非语言行为传递的。

（一）传达真实的内在感情

非语言交际具有强大的情感力量。人们往往通过非语言行为来表达内心的感情和态度，人们也是通过非语言线索来判断对方的真实意图或动机的。当语言交际和非语言交际同时发生的时候，语言行为表达的是内容，而非语言行为表达的是态度和与别人的关系。比如，一个人接受一件不喜欢的礼物时，出于礼貌会说"真漂亮，我很喜欢"，但是他看到礼物时不经意间皱了皱眉头，于是对方便能从他的表情而不是他的语言中判断出他对这件礼物不是真的喜欢。

（二）营造交际印象

非语言交际的另一个功能是营造印象或达到吸引对方的目的。例如，面试时面试者的着装、举止是否大方、得体，会给考官留下非常重要的"第一印象"。在跨文化交际中，人们得体的外表和举止会给对方留下良好的印象，取得对方的信任，并使交际愉快地进行下去。

（三）进行会话管理

非语言交际还有一个重要功能是进行会话管理。手势、眼神、表情、谈话距离、沉默等非语言线索都对会话交流起着指引、解释和强化的作用。在跨文化交际中，当不同文化背景的人使用不同的非语言行为来管理会话时，可能会产生交流的障碍。

四、非语言交际与语言交际的关系

语言交际和非语言交际是跨文化交际的两种主要渠道。虽然语言交际和非语言交际有各自不同的特点，但是它们并不是彼此孤立的。在很多情况下，非语言交际与语言交际相辅相成，非语言行为伴随着语言交际的进行而发生。非语言交际的主要功能之一是支援语言交际，非语言交际对于语言信息起着重复、补充、代替、规范和否定等作用。

（一）重复

非语言行为重复语言信息。有人问路："图书馆在哪里？"可以回答："就是西边那个楼。"同时回答者的手也指向西边。手的动作是在重复所说的信息。人们经常一边点头一边说"是"，也是非语言动作对语言信息进行重复的例子。

（二）补充

非语言行为对语言信息进行补充。当跟朋友约会迟到了，可以说"对不起"，同时流露出不好意思的表情，这种歉意的表情是在强调迟到者想要表达的道歉之意。

（三）代替

非语言行为代替语言的表达。交通警察在喧闹的马路上用手势示意司机停车，西方人用耸肩的动作回答别人的询问，都是非语言行为代替语言交流的例子。

（四）规范

非语言行为还对语言交际起着规范的作用。比如，上课铃响了，教师把手指放在嘴边示意学生安静下来。

（五）否定

非语言行为所表达的意思与语言信息相矛盾，或者说非语言行为否定了语言表达的意思。比如，一个人演讲前说自己并不紧张，但是他的脸色发白，拿着发言稿的手微微颤抖，那么非语言行为就否定了他所说的话。

第二节　体态语与跨文化交际

一、外貌服饰

人们的外貌服饰也参与了交际，是非语言交际的一部分。人们往往通过外貌和衣着打扮来判断一个人的职业、受教育程度、社会地位和审美品位。人们在跨文化交际中也有"以貌取人"的倾向。衣着打扮得体会给别人留下美好的印象，使交际更加愉快和顺畅；衣着打扮不得体会给自己带来尴尬，甚至对别人造成冒犯。

教师的衣着应该庄重大方，这是世界各地普遍认同的。但对于教师在课堂上具体怎样穿着才算得体的问题，不同文化有不同的标准。在很多亚洲国家，如日本、韩国、新加坡和泰国，教师工作时的着装都比较正式，男教师大多穿西服，女教师大多穿比较正式的套装。因为这些国家有尊师重教的传统，教师正式庄重的穿着既表现了为人师表的风范，也强化了师道尊严的观念。泰国对女教师的着装有严格的规定：上课时穿的衣服必须有领子和袖子，裙子的长度要超过膝盖。埃及教育部规定：教师不能穿牛仔裤、戴金银项链上班，男教师禁止佩戴手镯。但是在美国社会，教师在课堂上的着装比较多样化，取决于教师的个人爱好和风格。有的教师穿西装，有的教师穿休闲装，有的教师甚至穿旅游鞋和牛仔裤上班，体现了美国人追求随意的风格。一般来说，中国的教师在课堂上的着装也较为随意，男教师穿夹克衫，女教师穿毛衣上课的现象比较普遍。

是否以及如何佩戴首饰和化妆，也表现了一定的文化差异。西方国家女性喜欢佩戴首饰，特别注重饰品与衣服的搭配，对饰品款式的要求多于对品质的要求，目的是突出个性。另外，在大多数西方国家，已婚男女一般都戴结婚戒指，一方面表明自己的已婚身份和对婚姻的忠诚，另一方面也避免社交中的误会和尴尬。中国女性戴首饰不如西方人那么普遍，如果要佩戴首饰，很多人喜欢戴贵重的金银或珍珠首饰。中国大多数已婚人士不戴婚戒，男性戴戒指的就更少了。因为中国人对戴金戒指的男性往往有一种负面的印象，觉得有点张扬，像个暴发户。不过在国外工作的时候，中国的已婚人士可能会因为不戴婚戒而引起别人的误会，有的外国人看到已婚人士没有戴戒指，会以为他还是单身。因此中国人要注意到中外文化在佩戴首饰方面的差异，避免引起跨文化交往中的误会。

在化妆方面，中国文化强调内在美和含蓄美，因此中国女性经常化妆的比较少，即使化妆也一般是化淡妆。相比之下，西方和其他很多国家的女性一般都化妆，而且妆化得比较浓。

个人卫生习惯同样是比较容易引起跨文化误解的一个方面。虽然一个人是否每天洗澡和换衣服与个人生活习惯和物质环境有关，但是在某种程度上也反映了这个人的文化价值观。西方人追求变化和突出个性的价值观从他们一般每天洗澡和换衣服就能体现出来。而很多中国人并没有天天换衣服的习惯，有的教师甚至连续一个星期都穿同一件衣服上课。这样的穿衣习惯会引起外国学生的误解，给他们留下中国教师不修边幅的负面印象。其实中国人这样做也有文化方面的原因。因为中国文化讲究含蓄和内敛，重视人的内在美德。如果一个人特别是男性每天都换衣服，往往会给人留下浅薄和炫耀的不好印象。

由于衣着打扮是重要的身体语言，关系到别人对你的印象和人际交往的质量，而对外汉语教师经常要与外国人打交道，因此更要注意自己的形象，在跨文化交际中给人留下良好的印象。

二、面部表情

面部表情往往是人的内心情感的自然流露。在交际中人们首先通过对方的面部表情判断他的真实情感和意图。在跨文化交际中，我们可以发现，有的文化里人们的面部表情比较丰富，喜怒哀乐溢于言表；而有的文化里，人们的面部表情比较含蓄平和，从面部表情较难看出他们内心的感受。一般来说，拉美国家和阿拉伯国家的人们面部表情比较丰富，阿拉伯人往往比较夸张地表现自己的喜怒哀乐，西班牙、意大利等国的男性在公共场合哭泣被看作自然的事情。相比之下，东亚国家的人，特别是男性的表情比较平静和严肃，不苟言笑。中国人平静含蓄的表情经常给西方人留下一种"不可捉摸"的印象，英语中"inscrutable"这个词的本义就是"因为面部没有表情，别人无法知道他的想法和感受"。

如何运用面部表情体现了不同文化对于情感流露的不同理解。日本人认为，一个人在公共场合克制自己的气愤、悲伤、爱慕、高兴等强烈情感的流露是智慧和成熟的表现；韩国人认为微笑太多会显得这个人浅薄、轻浮；中国也有"男儿有泪不轻弹"的说法，一个男子在别人面前轻易掉眼泪，会被认为缺乏男子汉气概。另外在集体主义文化中，当众表达负面的情感会破坏人际关系的和谐，因此集体主义文化的人常常克制自己负面情感的流露。

微笑是人类非常常见的一种面部表情，也是最容易引起跨文化交际误解的一种表情。微笑通常表示快乐和友好。但在亚洲文化中，微笑还有一些其他的含义，它既可以表示愉快和欣赏，也可以表示害羞、尴尬、生气、抱歉、拒绝、否定等含义。日本人还常常用微笑掩盖内心的痛苦。在日本电影中可以看到这样的情境：家里亲人去世了，男主人仍然面带微笑招待客人。这种非语言交流形式对欧美人来说是很陌生的。亚洲学生在西方课堂上有时会用微笑来回应教师的提问，让西方教师感到很困惑。西方教师以为微笑表示有意愿回答问题，可是亚洲学生并不回答问题，只是微笑。在这种情况下亚洲学生的微笑可能有两种含义：一是不知道怎么回答，所以用微笑表示拒绝；二是不好意思在大家面前说话，这里微笑表示害羞。如果西方教师不理解微笑的这些特殊含义，就有可能产生误会。

微笑的使用对象和场合也体现了文化的差异。在东亚国家，人们较少对陌生人微笑，对陌生的异性微笑更为少见。如果男性对一个陌生的女孩微笑，可能会被认为是不怀好意；而年轻的女子对陌生男性微笑，则会被认为有些轻浮。德国人也只对认识和熟悉的人微笑。但是在美国，特别是在乡村和小城镇，陌生人在路上点头微笑或打招呼的现象很常见。

亚洲人较少对陌生人微笑的习惯与他们的价值观有一定的关系。因为在集体主义文化中，人们比较强调圈内与圈外的区别，对熟悉的人和陌生人往往采用不同的交际方式。

三、眼神交流

人们常说，眼睛是心灵的窗户。眼神的交流也传达出人们内心的情感和对别人的态度。对于眼神交流，不同的文化有不同的做法。眼神的直接交流在一种文化中被看作礼貌的行为，但在另一种文化中则可能被认为是不敬和冒犯。

在大多数西方人看来，交谈时直视对方的眼睛是感兴趣、诚实和自信的表现，眼神游离被认为是不专注或者不真诚的表现。美国的学生从小就培养公众场合演讲的能力，他们所受到的演讲技能训练就包括如何与别人进行直接的眼神交流。如果一个学生在做课堂演讲时只低头看自己的讲稿，就会被扣分。阿拉伯人在讲话的时候也要直视对方的眼睛，以示尊敬。但在东亚和拉美的一些国家，交谈中直视对方的眼睛是一种不敬，特别是下级对上级、晚辈对长辈说话的时候，俯首低眉、不直视对方的眼睛才是恭敬的表现。日本的教师在教学生参加面试的技巧时，其中的一条建议就是注视对方鼻子和下巴之间的地方。

眼神注视的时间长短也有文化的差异。日本人把长时间注视别人看作一种无礼和不敬的行为。而在阿拉伯国家，男性之间长时间的注视是得体的，在他们看来，注视别人既可以表明自己对对方所谈的内容感兴趣，也可以了解对方语言表达的真实意图。同样属于西方文化，有的学者观察到德国人比美国人的注视时间要长，德国人会在谈话中直视对方的眼睛，这让一些美国人隐约觉得不舒服。从德国人的角度来看，这是诚实和对谈话感兴趣的表现，但是从美国人的角度来看，这种注视太强烈、直接。

由于眼神交流的文化差异，东亚国家的人和西方人以及阿拉伯人交流的时候可能会出现误会。东亚国家的人眼神直视的时间较短，特别是异性之间的眼神交流时间更短。如果西方或阿拉伯国家的男性在与东亚国家的女性谈话时使用长时间注视的眼神，东亚女性一定会感到不舒服，而且有可能会误解对方的意图。中国教师期待学生在听教导或被批评的时候，低头不看教师的眼睛，而西方文化中的学生却从小被告知要直视教师的眼睛。当西方学生这样注视中国教师的时候，中国教师可能会误以为学生不服气、没有礼貌。

四、手势

手势是交际中经常使用的肢体动作，虽然很多手势的动作具有普遍性，但是手势的含义因文化而异。有的手势在一种文化中是正面的、幽默的、无害的动作，在另一种文化中可能就是负面的甚至是冒犯的动作，很容易引起跨文化交际中的误解和冲突。

竖起大拇指在中国文化中意味着"很棒"，在美国文化中表示"没问题"，在日本文化中代表"男人""父亲"，但是在阿拉伯文化中，这个手势是一种侮辱性动作，与美国人伸中指的手势具有相似的含义。

食指与中指交叉相叠在中国有些地方表示数字"十"，在英语国家则表示"祈祷幸运""祝好运"，在越南文化中这个手势则是下流的动作。

大拇指和食指围拢成一个圆圈在不同的文化中也有不同的含义。在美国表示"OK"的意思，在日本和韩国表示"钱"，在中国，因为这个手势形成"WC"的形状，因此有时表示"厕所"，而在拉美一些国家，这个手势则是一个下流的动作。

"V"手势是很多国家的人们都熟悉的一种手势。在第二次世界大战中，英国首相丘吉尔使用了这个手势，使这个手势迅速流传开来。"V"手势一般表示"胜利"，但是如果"V"手势的手心朝内、手背朝外，在英国、澳大利亚、新西兰则是下流的动作，也表示对于权威的轻蔑。"V"手势后来还有了一个新的含义，表示"和平"，这个含义是在20世纪五六十年代美国民权运动中逐渐形成的。大多数中国人更熟悉"V"手势表示的"胜利"含义。

五、姿势

姿势包括站、坐、蹲、跪等动作。在社会交往中，人们往往根据一个人的姿势和举止来判断他的性格和修养，但是姿势的得体性是因文化而异的，并不具有普遍性。

日本人以见面行鞠躬礼著称，日本人的鞠躬动作不仅具有问候的功能，而且体现出对等级、社会地位和正式礼仪的重视。因此日本人对于尊者的鞠躬姿势越低，越表示尊重。地位低者要先鞠躬，而且一定要比对方的姿势更低、时间更长。如果双方地位相等，鞠躬则应该有同样的深度和时长。

人们的坐姿也同样具有一些文化的特征。多数国家的人一般坐在椅子上交流，而阿拉伯人则喜欢坐在地上交谈，日本人也有坐在"榻榻米"上吃饭聊天的传统。在日本和韩国，盘腿坐是男性的常见动作，但是女性只能跪着坐，盘腿坐被认为是不文雅的。

蹲着的姿势在西方文化中被认为是一种不文雅的动作，欧洲人列举的中国游客的不文明习惯就包括了在公共场所蹲着。许多来中国的西方人也不习惯中国厕所的蹲厕，把它看成在中国体验到的最奇怪的事情之一。但是在中国，蹲着的姿势比较常见，特别是在农村，人们蹲着吃饭或聊天是很常见的。即使在中国的城市里，有时也会看见有人蹲在路边或车站等人等车。当然蹲着的人多是男性，中国的女孩子从小就被父母教育蹲着的姿势是不文雅的。

在课堂环境中，中西文化里教师和学生的站姿和坐姿有比较明显的不同。中国的中小学生上课一般坐姿挺直，表现出很强的纪律性。但是在西方的课堂上，学生坐姿很随便，东倒西歪的情况很普遍，教师对学生的坐姿没有特别的要求。西方的教师在课堂上的站姿和坐姿也很随便，美国的教师有时还坐在讲桌上与学生互动。而在中国课堂上，教师一般都站着讲课，只有生病或年龄大的教师才坐着讲课。在中国人看来，教师随便的姿势会影响教师的形象，没有体现出师道尊严和严谨的治学态度。

第三节　时间观念与跨文化交际

时间观念是非语言交际的重要维度，也是价值观的一种体现。人们如何看待和使用时间是在特定文化中慢慢习得的，带有文化的特征。本节讨论日常生活中不同文化的人们看待和处理准时、预约、最后期限等问题的方式。

一、时间观念

珍惜时间可能是所有文化都具有的价值观。在英语中人们熟知"时间就是金钱"的比喻，在汉语中也有"一寸光阴一寸金"的谚语，然而不同文化对时间的理解却不尽相同，反映了不同的文化模式和观念。

英语中常见的关于时间的表达有以下几种。

（1）Do you have time to spare?

（2）Thank you for giving me your time.

（3）The plane lost time due to the strong prevailing winds.

（4）How did you spend your free time?

在西方文化中，时间被看作金钱，是一种有价值的商品，是有限的资源，而且时间好像是可以量化的具体东西，因此英语中使用可导致数量变化的动词如"赠予"（give）、"丢失"（lose）、"花费"（spend）、"浪费"（waste）、"耗尽"（run out of）、"节约"（save）、"投资"（invest）等来表达时间。时间的隐喻是文化的体现，西方文化用金钱和商品来比喻时间，说明这种时间观念是工业化社会的产物，与效率和竞争等观念相联系。

汉语中也有大量有关时间的格言和谚语。例如：①一寸光阴一寸金，寸金难买寸光阴；②时间如流水；③光阴似箭，岁月如梭。

汉语中的这些时间格言和谚语也表达了珍惜时间的价值观，但与英语不同的是，汉语中时间是用流水、黄金、箭、树木等来比喻的，时间更多地被看成自然现象。这体现了传统的农业社会对时间的认识，而且"日出而作，日落而息"的说法强调的正是农业社会中人们遵循的是自然的时间，而不是工业社会的机械时间。由此可见，时间观念是对文化的反映，而且不同文化的时间观念影响了人们利用时间的方式。

二、单时制文化与多时制文化

根据不同文化的人们对于非正式时间的使用特点，可以将世界上的各种文化大致分为单时制文化和多时制文化。

单时制文化中的"时间是线性的，像一条道路或一根带子，可以切割，可以向前延伸到未来，向后延伸到过去"。单时制文化的人们通过计划和预约来控制时间，在一段时间里只做一件事，强调准时、预约和最后期限。具有单时制文化特点的有北欧、西欧、北美等地区的国家以及澳大利亚、新西兰等。

多时制文化中的人们遵守的不是物理时间，而是生理时间。他们不是把时间看成一个线性的东西，而是认为时间是围绕着生活的。他们的生活节奏相对较慢，在同一时间内往往做多件事情，工作常常被打断，计划也经常改变。对于多时制文化的人来说，维持人际关系的和谐比严格遵守时间更重要，因此他们更重视人情而不是计划，以一种综合和灵活的态度看待生活。具有多时制文化特点的主要是非洲、西亚、南亚、东南亚以及拉美等地区的国家。

一种文化具有单时制文化特点还是多时制文化特点与其科技发展和工业化的程度有密切的关系。工业化程度高的国家多具有单时制文化的特点，因为现代化工业社会强调精确、准时和效率。传统的农业化国家则大多具有多时制文化的特点，农业社会中人们"日出而作，日落而息"，按照自然的节奏生活。在同一种文化中，相对而言，城市人多遵守单时制时间模式，农村人多遵循多时制时间模式。

单时制与多时制的时间观念还与文化模式及价值观有一定的联系。一般来说，个体主义文化强调个人的独立和自我实现，大多遵循单时制的模式，北美、西欧、北欧等地区的国家属于单时制文化，其中美国是单时制文化的典型代表。集体主义文化强调人际关系的和谐，因此大多具有多时制文化的倾向。非洲国家、拉美国家具有比较明显的多时制文化的特点。东亚国家、南欧和东欧国家则同时具有单时制和多时制文化的一些特点。

单时制文化和多时制文化的划分并不是绝对的，而是某种文化更多地体现出单时制还是多时制时间观念的特点而已。个人的时间观念或倾向会因为场合和环境的不同而变化，有的人在工作环境中遵循单时制的时间模式，而在私人生活中则运用多时制的时间处理方式。因此，判断一个人或一种文化的时间利用特点时要充分考虑语境的因素和个体的差异。另外，单时制文化和多时制文化各有特点，并不能说哪种时间模式比另一种模式更优越。

三、准时

准时是现代生活中一个十分重要的时间观念。但如何看待准时，不同的文化有不同的方式。准时观念的不同还体现在是否严格遵守时间安排上。在西方国家的正式会议上，做演讲或报告的人需严格遵守规定的发言时间，很少会有人发言超时。学校里教师上课也是按时下课，拖堂会引起学生的反感。但是在中国，许多人发言会超出规定的时间，有些人说"我只说几句"，结果讲了半个多小时，这种情况会给注重准时的人留下不好的印象，认为发言者不尊重别人的时间，或者缺乏演讲的技能。

但是准时的概念也会受到场合和语境的制约。在西方国家，参加与工作相关的正式活动或约会必须准时，迟到10分钟都是很尴尬的事情，需要道歉。听音乐会或观看演出也需要准时到达，如果迟到了，一定要等到中场休息或一段表演结束才可以进场。但是出席非正式的社交活动，特别是应邀去朋友家做客时，迟到 15～30 分钟是合乎礼仪的，而提前到达往往会给主人带来不便和尴尬。这样的习俗与很多中国人的习惯正好相反，在很多中国人看来，到朋友家拜访或者参加社交聚会，准时或者提前一会儿到达是礼貌的，表示对主人的尊敬和重视。而且尤其当对方是长辈或地位高的人时，就更不能迟到，否则会给对方留下傲慢无礼的印象。

对准时的理解不同以及是否注意做到准时是比较容易引起跨文化交际误解和摩擦的一个方面。在非洲一些国家任教的中国教师常常抱怨当地提供公共服务的维修人员做事不准时，给他们的生活和工作带来了烦恼和不便，于是对当地人产生了做事不守时的负面印象。在中国留学的日本和韩国学生常说他们弄不懂中国人说的"等一会儿"和"马上"的含义，与中国朋友约定见面，中国朋友说"马上就到"，结果等了半个多小时中国朋友才到，因此他们觉得中国人不在乎耽误了别人的时间。以上这些跨文化交际中出现的负面印象和误会都与时间观念有关。

四、计划性

单时制文化讲究计划性，做事情注重提前安排和预约。西方的学校和公司一般都会制订较具体的中期和长期计划。美国学校每个学期的课程安排往往在半年以前就确定好了，海外学习项目大多提前一年或者半年就已经做出规划。而多时制文化比较缺乏具体的中长期规划，临时改变计划的情况也时常发生。中国也有多时制文化的一些特点，中国人常说"计划赶不上变化""车到山前必有路""跟着感觉走"，这些说法在一定程度上反映了中国人对于计划性的态度。所以当中国一些学校或团体提前一两个月邀请海外专家学者参加会议时，这些学者往往不能成行，因为他们一般提前半年或一年就做好了自己的工作规划和安排，难以再另外抽出时间。

在人际交往方面，如果邀请某人见面或请客吃饭，西方人一般在一周之前就发出邀请，目的是让被邀请者做好自己的时间安排，临时发出的邀请往往会被拒绝，这样的邀请会被认为是不尊重对方的时间或者缺乏诚意。而中国人和韩国人发出邀请的时间要短一些，有的时候提前一两天才提出邀请，临时起兴而提出邀请的情况也会出现。

　　时间的计划性还体现在预约方面。由于现代通信技术的发达，人们在见面之前一般都会预约，不会出现"不速之客"的情况。但是单时制文化的人对预约的要求更加严格。在中国，与同事或上司谈话往往不需要提前约定，下属经常直接到领导的办公室说："我能跟您谈点儿事情吗？"在多数情况下，领导会放下手上正在做的事情与之交谈。去行政部门办事，一般也不需要提前预约，直接到相关办公室咨询或办理就行了。但是在西方国家，无论是约见上级或客户，还是到行政部门咨询事情或办理手续，一般都需要预约，突然登门拜访的情况并不多见，而且大多数情况下会被拒绝。

　　最后期限也是时间计划性的表现。然而履行最后期限的严格程度因文化的不同而不同。西方学校的教学计划中会明确规定学生交作业或论文的时间，超过最后期限就要自己承担后果，比如会被扣掉分数甚至取消成绩，而且没有任何商量的余地。美国大学里经常有学生为了赶在最后期限前提交论文或作业而整夜不睡觉，说明他们非常重视最后期限的规定。但在中国，最后期限的执行一般不会那么严格。这种对最后期限执行情况的不同，说明单时制文化强调任务的完成，而多时制文化强调人际关系的和谐。

第四节　空间利用与跨文化交际

　　空间利用也是非语言交际的重要内容。空间的利用方式体现了特定文化中人际关系的特点，反映了文化的差异。当空间利用方式不同的人们在一起交流的时候，如果不留意很容易产生跨文化的误解甚至冲突。

一、个人空间

　　个人空间是围绕在自己周围的无形的空间。每个人都需要个人空间，一般来说，别人的个人空间要受到邀请才可以进入，否则是一种冒犯。这个空间的大小取决于一个人与周围人的关系以及他的心情、文化背景和所进行的活动。

　　个人空间的大小与文化有密切关系，特别是与"隐私"观念有关。西方文化非常强调个人的隐私，在他们看来，个人空间就是隐私的一部分。英语谚语"A man's home is his castle."（一个人的家就是他的城堡）就反映了西方文化对个人领域的重视。西方人对个人空间非常敏感，对侵入个人空间的行为也反应强烈，所以西方人站在电梯里一般都身体挺直、表情严肃，表现出当个人空间被侵占时的紧张和警觉。从别人身边走过一定要说"Excuse me"，表达对占用别人个人空间的歉意。进入别人个人空间有时甚至还会引发冲突和严重误会。

霍尔曾经对比分析了德国人和美国人处理个人空间的观念和做法：德国人把属于他们自己的空间看作自我的延续。德国人的自我意识非常强，因此他们利用一切方式来维护私人的空间。德国办公室的门又厚又重，而且工作的时候总是紧闭的，开着门工作被德国人看成轻率和不守规则的表现。与德国人相比，美国人则把门当作是否可以进入个人空间的信号。美国人工作时一般都敞开着门，这意味着他的办公室是公共空间，欢迎别人进入；如果工作时关着门就表示这是个人空间，不希望别人打扰。

西方人的个人空间概念还延伸到其他方面。西方的家长一般不随便查阅孩子的日记和书信，否则会引起孩子的反感，认为侵犯了他们的个人隐私。客人来访一般也不会随便翻阅办公室或客厅里的书刊和照片，表现出对他人隐私的尊重。在法国，使用别人家的卫生间被认为是一件不礼貌的事情，至少是一件尴尬的事情，因此客人要事先询问："我可以使用你家的卫生间吗？"

中国人的个人空间观念不像西方人那么强烈，对占用他人的个人空间也不是很敏感。在工作环境中，虽然办公室一般关着门，但是同事之间一般简单敲门或不需要敲门即可进入。在家庭中，每个房间的门都是敞开着的。在中国人看来，放在客厅或办公室桌子上的照片或书籍也不是什么秘密的东西。

二、人体距离

人体距离也是空间利用的一个重要维度，具有跨文化的差异。在跨文化交际研究领域，人们常讲这样一个故事：一个美国人和一个阿拉伯人在一起交谈，美国人觉得他们之间的距离太近，一直往后退，而阿拉伯人觉得他们之间的距离太远，一直向前靠近，最后美国人退到了墙角，双方都觉得很尴尬。这个故事说明人体距离受到文化的影响，也容易引起跨文化交际中的误解。

人体距离的远近反映了文化价值观的不同。一般来说，个体主义文化为主流的国家，如北美国家、英国、德国、丹麦、澳大利亚等，人们的谈话距离比较远，因为他们更重视个人的隐私和独立性，所以他们对于个人空间被侵入就会更敏感。集体主义文化的人们强调互相依靠，集体成员在一个相对较近的距离内工作、生活、休息和娱乐。中国人的谈话距离比英美人的要近。阿拉伯国家和拉美国家的文化也属于人体距离比较近的文化。

地理环境也是影响人体距离的一个重要因素。在国土辽阔、人口密度小的国家，人们的平均空间较大，人体距离也就比较远。特别是大城市人口密度大，人们对于拥挤的容忍度比较高，因此人体距离也比较近。人体距离远近的文化差异有时会带来跨文化交际的问题。许多在中国学习或工作的西方人对中国人的排队方式很不习惯。比如在银行、邮局、机场、商店等公共场所，很多中国人排队的时候与前边的人距离很近，有时还有身体的接触。虽然排队涉及个人素质和公共秩序的问题，但是也反映了空间利用方面的文化差异。

三、座位的排列

座位的排列体现了人们对于人际关系的理解，而且以一种直接或微妙的方式影响人与人之间的交际。不同文化中的人们会根据座位位置来推测对方的地位，美国人会下意识地认为坐在桌子两头的是地位高的人，而中国人则觉得地位高的人会坐在桌子的中间位置。

价值取向影响桌椅和座位的排列。中国、日本、韩国等东亚国家的办公桌排列是聚合式的。中国的国有企业或事业单位里，办公室的桌子通常是两个或三个相对摆放，人们面对面而坐。在日本和韩国的公司里，普通职员大都坐在一间大办公室里的一个长方形桌子的两边。这样的桌椅安排便于员工的交流，强调的是合作与协调，是集体主义价值观的体现。而在西方的办公室里，桌椅的排列则是分散式的。每个人的桌子往往面对着墙，或者用隔板隔开。这种排列方式强调的是独立性、隐私和效率，体现了个体主义的价值观。

在社交场合，正式宴会的座位排列在每一种文化中都有比较严格的规定。在亚洲很多国家的文化中，尊卑有序是座位排列的主要规则。最重要的客人或者最年长的人往往坐在面对着门且离门最远的地方，主人坐在他的旁边，离门最近的座位往往是辈分或地位最低的人坐的。而在西方，男女分开坐是座位排列的一种基本规则。饭桌是长方形的，男女主人分别坐在桌子的最远端，最尊贵的女客人坐在男主人旁边，而最尊贵的男客人坐在女主人的旁边。

在非正式的社交场合，如普通聚会，座位安排也存在文化的差异。在英美国家，两人交谈时所坐位置的不同表明了两人关系的不同：两个人分坐桌子一角的两侧，表示关系友好；两人同坐桌子一边（并排而坐），表示关系亲密；两人在桌子对面而坐，则表示关系疏远甚至暗示竞争的关系。因此一般只有夫妻和情侣才并排而坐，而陌生人一定会对面而坐。但是在中国，一般的朋友或熟人往往也喜欢并排而坐,即使在比较正式的场合,第一次见面的主客双方也时常并排而坐,表示关系的友好和亲近。这种坐法的不同在跨文化交际中也可能会产生误会。

在教育环境中,教室中的桌椅排列方式反映了不同的教学理念和师生关系模式。虽然桌椅的排列方式受到学生年龄、人数、教室格局等因素的影响,但是在一定程度上也反映了文化观念的不同。

第五章　跨文化交际教学

第一节　语言教学的跨文化维度

语言教学中的跨文化交际能力培养旨在将学习者培养成为能够适应不同文化的复杂性，并且身兼多重身份的跨文化者，从而避免基于自身身份理解他人的定式跨文化，交际者应将对话方看作独特的个体，具有可以被发掘的特性，而不是归属于外部文化的一个代表。跨文化交际应该以尊重个体为基础。

跨文化交际能力是确保自己能够为不同社会身份的人所理解的能力，具有跨文化交际能力可以使自己在与他人沟通的同时保持多重身份和自我个性。

最优秀的语言教师既不是本族语者，也不是非本族语者，而是能够帮助学习者看到自身与其他文化之间的关系的人。其能够使学习者对其他文化产生兴趣和好奇心，并且了解自己和本族文化在别人（其他文化中的人）眼中的形象。

一、讲授跨文化交际课程的主要目标

讲授跨文化交际课程的主要目标不是传递有关外国的信息，因此，教师不需要了解目的语文化的所有知识。讲授跨文化交际课程要求教师：

一是帮助学习者理解文化间的相互作用是如何发生的；

二是帮助学习者明晰社会身份是所有相互作用的一部分；

三是帮助学习者了解其与持不同文化者对彼此的看法是如何影响彼此间交际的；

四是帮助学习者探寻能够更多地理解其交际对象的方法。

二、讲授跨文化交际课程的策略

讲授跨文化交际课程对教师的要求较高，不仅要求教师的外语语言能力达到

较高水平，还要求教师具有一定的跨文化交际能力和经验。在教学过程中，为了使学生真正掌握所学知识，并能学以致用，教师还应掌握相应的教学策略。

（一）两个目标

第一，培养学生的语言能力，同时也培养学生的跨文化交际能力。

第二，使学生具备与他国文化主体互动交流的能力，这包括使学生理解并接受他国文化主体是具有不同观点、价值和行为的个体，并且帮助学生明确与他国文化主体交流是丰富自身经验的过程。

（二）价值观的判断

语言教师不但要教学生他国文化知识，还要发展学生的技能、态度观念以及对价值观的判断能力。

（三）解答问题

教师并不需要对某一国家文化有切身体验或为该领域的专家。教师的任务是帮助学习者提出问题，并阐释答案。

（四）接受系统性培训

比拥有知识更为重要的是拥有分析能力，无论教师的母语是什么，接收系统性文化分析的特殊训练对于外语教师都大有裨益。这并不是否定语言能力的重要性，在语言能力方面遵循本族语者的权威自然很重要，但语言能力不等同于跨文化交际能力。

（五）参观和交流

参观和交流不仅仅是操练课堂所学语言的一个机会，更是一种整体学习经验，为运用跨文化技能、获得新态度和新价值观提供了条件。在一次参观交流后，语言的操练可能是有限的，对另一个国家知识的获得也可能是极少的，但这没有关系，因为学生能够从参观或交流中获得课堂上学不到的知识和经验。

（六）价值观念和意义

一些简单的手段和方法如果可以使学生意识到所学材料中暗含的价值观念和意义。使用真实的材料十分重要，但是要确保学生理解其语境和意图。应该结合使用来自不同背景和采用不同视角的材料，目的是使学生进行比较，并批判性地分析各个材料。学习者获取分析技能要比获得事实性信息更为重要。

（七）分享知识

跨文化维度还要求学生能够彼此分享知识并讨论观点。讨论应该建立在基于尊重他人为前提的基础上。这样学习者彼此间的学习所得如同跟随教师所学一样多，将本族文化语境与不熟悉的、语言学习所涉猎的他国文化语境进行比较。

（八）测评

测评的目的是促进学生对自身跨文化交际能力的认识，并帮助他们注意到这些跨文化交际能力可以在课内和课外许多不同的情境中习得。

（九）实践

发展跨文化维度不仅需要语言教师对其他国家和文化拥有更多的知识，而且应该具有在课堂上营造使学生能够大胆思考和感受氛围的能力。这些技能通过实践和经验反思能够得以发展。

（十）反思

教师在文化问题上不可能保持中立，因为他们是作为"人"，而非仅仅作为"语言教师"回应他国文化的。因此，教师需要考虑自己所持有的文化定式和偏见会怎样潜移默化地影响到教学，并影响到学生。教师也需要从为师角度和个人角度反思自己对于学生持有的偏见是如何做出反应的，而这种反应也无形地受到教师自身跨文化经验的影响。

三、培养跨文化交际能力的要点

培养学生的跨文化交际能力首先由培养学生的跨文化意识入手，进一步发展跨文化技能，并改变和提高学生的学习方式和认知方式。在这一过程中，教师应对学生的人格和个体差异因素做认真分析，从而做到因材施教。

（一）培养跨文化意识

对原文化和目标文化之间关系的认知、意识与理解构成了跨文化意识。它首先包含一种意识，即对两种不同文化的地区社会差异的认知，同时也包括学习者对一语和二语承载文化以外的一系列文化的认知。拥有了这种意识能力，就能置两种文化于语境中，并加以研究。除客观知识外，跨文化意识还包含了不同文化在彼此心目中的呈现状态，亦即经常提到的民族文化定式问题。

（二）发展跨文化技能

一是将原文化与其他文化相联系的能力；

二是文化敏感性以及运用一系列策略与他国文化主体接触交流的能力；

三是充分扮演文化交流中介的角色并恰当处理交流中的误解和矛盾的能力；

四是克服文化定式的能力。

（三）关注"存在性"能力

跨文化交际不仅受学习者的知识、认知与技能的影响，还集中体现在态度、动机、价值观、信仰、认知方式和人格类型这些个体特征上。态度与人格因素不仅极大地影响语言学习者在交际活动中的角色，也影响其学习能力。具有兼容态度的跨文化人格的培养就本身而言，被许多学者认为是重要的教育目标。相关的道德与教学问题也应运而生，例如：①人格发展在何种程度上可以作为明确的教育目标；②文化相对性如何与伦理道德的统一性相协调；③哪些人格因素阻碍外语或二语的学习和习得；④如何帮助学习者发掘潜力、克服弱点；⑤如何协调人格多样化与教育体系受到的约束以及教育体系所设立的约束之间的关系。

（四）提升学习能力

语言学习能力是在学习实践中发展获得的，它能够使学习者有效自如地应对新的语言学习挑战，明确选择性的存在，抓住并充分利用机会。学习能力由多种要素构成，如语言与交际意识、基本语言技能、学习方法和探索方法等。探索方法包括以下几种：

1. 处理新文化现象的能力

例如，观察能力、抓住对象要点的能力、分析能力、推断能力、记忆能力等。

2. 发现新信息的能力

例如，发觉新信息、理解新信息、必要时传达新信息的能力。

3. 应用新技能的能力

例如，在数据库、超文本中搜索信息的能力等。

第二节　元认知与跨文化交际能力培养

学习认知心理过程把学习策略分为元认知策略、认知策略和社会情感策略三大类。其中，元认知策略高于另外两种策略，因为元认知策略是为了成功学习一门外语而采取的管理步骤，是学习者调控学习进程的行为，是一种高层次的实施性技巧，可以对学习进程进行计划、规范、监控和指导。在学习过程中，要使外语学习成为学习者自觉、能动的认知活动，可利用元认知策略对外语学习的全过程进行有效的规划、监控和评价。

元认知策略是策略结构中的枢纽，起着连接、沟通和协调学习策略系统内外各因素的作用。它们是一些基本的思想方法，不但涉及认识和分析语言学习规划，制订学习计划，监控、调控和评价学习活动，也涉及监控和评价认知策略与技巧及情感或社会策略的使用情况。元认知策略适用于语言学习的全过程和各种具体的语言学习任务，它们有很强的稳定性。元认知策略可以被认为是区分语言学习能力强者与弱者的一个重要因素。缺乏元认知策略的学习者，根本没有方向或机会计划他们的学习、监控他们的进展情况或评价他们的学习效果和确定未来的学习方向。

同时，元认知策略是高层次的心理行为，会对语言习得产生间接的影响。学习者对元认知策略的使用表明他们能够在宏观上有意识地弄清语言学习的内涵规划，调整自己的学习，并对自己的学习实行监控和评估。

一、元认知模式

元认知是学习者对自己认知活动的理解，是认知主体对自身认知活动的认知，既包括认知主体对自身的心理状态、能力、任务目标、认知策略等方面的认知，又包含认知主体对自身各种活动的计划、监控、评价和调节。

元认知指对与认知目标相关的认知过程所进行的积极监控和后期调整，通常服务于具体目标。在认知过程中，个人知识很重要，学会如何学习是最重要的；理解学习策略，获取自我知识，即学习过程中的意识，有助于掌握学习过程，并对自己的学习负责。元认知涉及在问题解决中对认知过程的一种主动控制。例如，当有人在演算代数方程式时，认知指的就是演算的必要活动，比如识别可运用的公式、运用公式、找到答案等。元认知是一种进行这些认知活动时更高等级的思考，比如计划、分析、评价、监控和在解决问题、做出决定及具体实施方案的过程中的思考。元认知可以使人们进行更为有效的学习。能够精确估量自身对问题理解的学习者，也能够更好地监控其自身的学习进程。其中，最具代表性的是自我反省，它是元认知规则中很重要的一部分。

元认知的技巧是可以教授的。许多课堂教学研究表明，在特定领域（如物理学）的语境中，明确地教授元认知的策略可以提高学习的效果。研究中所教授的策略与元认知活动相互结合，并帮助探寻学习者分析、计划、评价和习惯性思考的步骤。研究也表明，当学习者能够自我找到有效且可行的解决问题的方法时，他们的学习会更有效。这种较好的学习者可自发进行的现象被称为"自明效果"。这种"自明效果"是可以教授的。近来，研究教授元认知技巧的专家进一步强调了其对学习行为的积极影响。

二、跨文化敏感度发展模式

跨文化敏感度发展模式描述了人们如何从不同的文化角度来观察、思考和诠释他们身边发生的事情。这种发展模式在处理文化差异的过程中体现了一系列渐增的敏感性，即通过对差异阶段性的认知和接受，逐渐从民族中心主义中摆脱出来，这种现象称为"民族相对主义"。该模式共有六大发展阶段，每个阶段的特征如下。

（一）拒绝阶段

一是与来自和自身文化相近似的文化的人交际时，往往感到舒服；

二是对文化差异大的生活感到焦虑；

三是没有注意到身边的文化差异现象；

四是对于与自身不同的个体采取隔离的控制方式。

（二）防御阶段

一是对关于文化与文化差异的问题，个体执着于自身的看法与情感；

二是对待与自身文化不同的观点和行为，往往采用不信任的态度；

三是察觉到周围的文化差异，但是不能够有效地理解这些文化，而且对这些文化往往有着比较强烈的消极的文化定式。

（三）差异减小阶段

一是认为来自不同文化的个体在深层文化上与自己相像；

二是能够意识到周围不同的文化，但是这些知识仅限于对习俗和仪式的认识；

三是不再诋毁其他文化；

四是能够做到"己所不欲，勿施于人"。

（四）接纳阶段

一是察觉并意识到自身的文化；

二是将自身的文化看作经历与理解世界的众多方式之一；

三是认为其他文化的个体同自己一样复杂；

四是认为其他文化中的观点、情感和行为看上去可能不寻常，但是他们的经历与自己自身的经历一样丰富；

五是对其他文化更感兴趣，找机会来学习其他文化。

（五）文化调适阶段

一是承认对自身适用的文化价值观多于一种；

二是能够从其他文化的观点入手来理解和评价自身文化或其他文化的具体情境；

三是能够主动地调适自身文化的基本行为，使之在与其他文化的人们交际时更为得体。

（六）文化融合阶段

一是能够将多种文化观点、意向和行为融合成为自身的文化身份与世界观；

二是能够自如地对待文化问题。

跨文化学习是一个不断进步的过程（在这个过程中有前进和退步的可能），从跨文化敏感度的角度可以衡量跨文化学习所处的阶段。然而人们可能会问，跨文化学习是否总是遵循这个顺序，即一个阶段是下一个阶段的前提条件。如果阶段排序不是十分严格，而更强调根据不同情形和能力使用不同的策略来处理文化差异的话，那么这种模式在跨文化学习中的应用就有自身的优缺点。

三、元认知对跨文化敏感度发展的影响

元认知技巧对跨文化敏感度的发展极其关键。如果跨文化敏感度的发展模式是基于个人如何建构文化差异的，那么该模式会遵循以下几个前提条件：学习者必须对建构过程有所了解；学习者必须对建构过程如何运行有所了解；学习者必须对如何评价自身的建构能力有所了解。与跨文化敏感度的发展模式相关的元认知技巧如下。

加强知觉能力：对于文化差异，也许不能立即对其有所反应，但要有意识地识别。

自我评价：对自身处理文化问题的错误评价会阻碍跨文化敏感度的发展进程。它会影响到自我监控过程，也会影响到其他跨文化敏感度的发展阶段。

文化自我意识：可定义为对自身文化的理解，是从民族中心主义向民族相对主义发展的重要方面。

自我调控学习：自我调控学习是跨文化发展的一个组成部分。通常来说，处于跨文化交际的后期阶段（即接纳阶段）的人们了解如何去调控自身的学习。

计划与目标设定：计划与目标设定可以帮助人们掌握跨文化敏感度的发展进程，例如，探寻达到某一特定阶段的方法或者理解某些特定的文化差异等。

与其说元民族、种族界限的人理解了其自身的文化身份，还不如说是他们定义了其自身的文化身份。这种自我思考的进步体现了文化身份是一种建构现实的行为，它与其他可以产生概念与文化的行为相似。通过发觉这一动态过程，人们能够摆脱某一特定文化的束缚，自如地处理与文化的关系。

这也存在着一定的风险。当人们达到跨文化交际发展的高级阶段时，他们可能会喜欢对方的文化，而将其自身的文化放弃掉。学习者必须接受这种"再定义"的自身文化，并对自身的文化有着更高层次的理解，即学习者必须达到元认知上的成熟，并以此为基础来进行跨文化交际。当然，要达到这一发展程度，需要不同方面的教学方法。其中，对学习者进行元认知技巧的培养是一种很有效的方式。

第三节　跨文化交际教学法

由于语言是一种民族文化的表现与承载形式，不了解一个民族的文化，也就无法真正学好该民族的语言。因此，外语教学不仅要注重听、说、读、写这些基本技能的训练，而且还应加强文化知识、文化适应力的培养。目前新的课程标准首次将文化意识、文化理解和跨文化交际纳入教学大纲中，可见，跨文化交际能力的培养已经刻不容缓。

一、建构主义与跨文化交际教学

建构主义又被称作结构主义，是认知理论的一个分支，是学习理论中行为主义发展到认知主义之后的进一步发展。建构主义认为在学习过程中，知识是认知主体通过主动建构而获得的。建构主义提倡在教师指导下的、以学习者为中心的学习，也就是说，既强调学习者的认知主体作用，又不忽视教师的指导作用。学生是信息加工的主体，是意义的主动建构者，而不是外部刺激的被动接受者和被灌输的对象。教师是意义建构的帮助者、促进者和知识的导航者，而不是知识的传授者与灌输者。教师对建构主义教学的最好实践就是以解决问题的方式，通过对话向学生提出概念、论点、任务，由学生去探究，而不是向学生灌输和再现信息。教师要成为学生建构意义的帮助者，在语言教学中起中介作用。教师要赋予学生权利，帮助学生获得他们所需要的知识、技能和策略，使其得到发展，学会处理问题，并能适应各种文化情境和社会变化，同时还要帮助学生学会独立思考、独立自主地控制自己的学习。

学习是主动建构意义的过程。传统教学观的"填鸭式"教学模式有着诸多弊端。教师应该帮助学生潜移默化地融入不同的文化中，即文化个体中。尽管教师会认为他们已经传授了最好的和最重要的文化知识给学生，而实际上，他们更多的是传输自己的观点和自己所了解的个别文化而已。建构主义认为学习不是一个被动吸收、反复练习和强化记忆的过程，而是一个以学生已有知识和经验为基础，通过个体与环境的相互作用主动建构意义的过程。因此，我们应培养学生自己建构知识的能力。

"授人以鱼"不如"授人以渔"，也就是说，教师要培养学生主动建构知识的能力，应给他们更多的机会和充分的时间去从事探究、发现、评估以及对自己的想法做修正等活动，让学生经历人类发现知识的自然过程，学会学习。

建构主义所主张的"通过问题解决来学习"知识的建构是通过新旧知识经验的相互作用而完成的。在外语教学中，我们可以借鉴课题式教学的方法，即针对课程内容设计出一个个学习单元——课题，每个课题都围绕着一个具有启发性的问题而展开。学习者通过合作讨论来分析问题、收集资料，直至解决问题。通过问题解决，学生便可以深刻地理解所学内容，不仅仅是掌握语言形式，而是获得在实际场合恰当地使用语言的能力，从而建立起良好的知识结构。

二、任务型教学法与跨文化交际教学

语言教学的目的是培养学生使用目的语进行交际的能力。教师不仅要培养学生听、说、读、写等方面的语言技能，还要教他们将这些语言技能灵活地运用到语言交际中去。要想培养出目的语运用得准确、流利、得体、有效的跨文化交际者，教师除了要在教学过程中充分挖掘和利用教材内容，向学生输入跨文化知识外，最好的教学模式就是为学生尽可能多地提供语言实践机会和创造真实语言运用情境，也就是说，创造条件让学生与以目的语为母语的个体进行交流。

为了解决这一问题，教师可以为学生制订明确的交际任务以增强交际的目的性，也就是说，将任务型教学结合跨文化交际，形成一套外语教学新模式。它最突出的特点就是"在做中学，在用中学"。教师围绕特定的交际和语言项目，设计出明确具体的、可操作的任务；学生通过表达、询问、沟通、交涉、协商等多种语言活动形式来完成任务，进而达到学习和掌握语言的目的。

任务型教学法可以使学生对目的语文化的习得由认知层面提升到理解层面，并在交际情境中运用相关目的语文化有效地进行交际。任务教学法旨在把语言教学真实化，把课堂社会化。所谓的"任务"，指的是有目标的交际活动或学生为达到某一具体目的而进行交际活动的过程。在这一过程中，学习者们总是处于一种积极、主动的学习心理状态，他们通过参与任务形成互动的关系。为了完成任务，学习者们以意义为中心，运用各种语言和非语言资源进行意义构建，以达到解决某种交际问题的目的。传统的文化教学灌输性较强，而启发性较弱，容易使学生处于一种被动接受的状态。教师要将任务型模式和文化教学结合起来，通过先设定任务，让学习者们在完成任务的过程中，学习语言以及与之相关的文化。这种模式重视文化学习和能力培养中学习者的主动性，增强了文化知识灌输的启发性，让学生自主地在完成任务的过程中学习文化知识。

第四节　基于文化的跨文化交际教学策略

跨文化交际教学的有效实施离不开行之有效的文化教学策略的支持。目前，我国在这方面的研究成果不多，以下为常见的基于文化的教学策略。

一、文化讲座

文化讲座指以班级为单位，以教师为中心，以演讲的方式直接向学生传授有关目的语和目的语使用社团的文化知识策略，适用于以下几种情况。

一是教师向学生介绍文化新领域的可叙述或描述的知识，学生可以通过讲座掌握总体概况或基本概念的知识。

二是教师讲解一系列可通过主题来分类归纳的相关文化事实，可以以系列文化讲座的形式来完成。

三是在教师即将给学生布置有关文化学习的研究任务，或者需要解决某个问题之前，可通过讲座来传授学生需要掌握的基础知识。

四是对于某些具体的文化资料，学生自学和阅读十分困难时，文化讲座可以解决学生因理解困难而造成的误解。

五是当教师具备或拥有特别的教材时，这些本身已为文化讲座铺平道路，教师在教学中实现教学相长，学生也从该教师的特殊教材中获益。

文化讲座使教师对课题顺序、时间掌握等方面有极大的控制权，所以能确定在教学完成时，学生有可能获得的成果。文化讲座对班额的大小没有严格限制，以专题顺序组织的文化讲座有利于充分利用教师资源。从教师的角度来看，教师的文化讲座一般都会汇集最新的研究成果和最新的研究方法，以及本人的学习心得与体会，所以能提供给学生许多宝贵的信息资源。从学生的角度来看，学生在听文化讲座时，听、写和观察能力会得到训练与提高。

二、文化参观

文化参观是以教师为辅导，以学生为主体，在课堂时间或课外时间，以某个文化专题为学习任务，以参加统一观摩活动的方式来实现预期的学习效果。适用于以下两种情况：

一是某个文化教学单元结束以后，学生共同具备了有关专题的文化知识，就可以参观适合该专题的文化展览。

二是当教师想要测试学生独立工作、综合分析文化知识的能力时，可安排学生参加文化展览，并完成某个学习任务。

文化参观能够调动学生的主观能动性，使他们能主动地观察、接触、研究、总结文化知识。文化参观一般都在比较宽松和非正式的环境中进行，娱乐性和趣味性较强。

文化参观比较适合作为一种辅助性的教学策略，而不能作为常规的教学策略使用。由于学习任务不明确，学生自主选择时间进行的文化参观会变成走过场，学习效果不明显。

三、文化讨论

文化讨论是以班级为单位，教师作为组织者来调动学生就某个专题开展有程序的、面对面的讨论，以解决实际问题或解答特定课题的疑问。

文化讨论需要一定的条件才能顺利开展。参加讨论的人必须积极开口，乐意与人交谈，而且乐于倾听别人的发言；参加讨论的人，作为一个集体，应当提出至少两种以上不同意见，这样才能激发思考、各抒己见；所有参加的人都希望通过集体智慧加深自己对主题的理解。

组织文化讨论的目的是使学生通过交流加深对某种主题的了解，而不是劝说别人或与人争辩。在讨论中，教师是讨论的组织者和主持人，不应占用太多发言时间，学生应是主体，教师只在提示和纠正偏题现象时发言。文化讨论适用于以下情况：

一是当教师希望学生建立自己获取新知识的信心，并对他们自己的学习产生责任感的时候。

二是当教师希望学生能充分发表自己的意见，对有关文化事实的不同假设和推断提出疑问和加以讨论的时候。

三是当教师有目的地训练学生的交际能力，提供给学生表达复杂概念的机会时。

四是当教师希望学生了解对同样的文化事实可以用不同的方法分析，或从不同的角度和立场看待会有不同的结论时。

五是当有必要培养学生的集体信念和合作精神时。

文化讨论有利于对学生交际能力的培养，讨论的形式为学生提供锻炼语言表达能力的机会，以及倾听别人意见、尊重别人经验和学习成果的机会。文化讨论中，教师提供的论题一般都是有争议、没有定论的，所以学生必须从不同的角度考虑问题。这样才能产生不同的意见、不同的方法和不同的结论。文化讨论有利于建立起平等的师生关系，学生间的互动性也较强。文化讨论要求学生和教师都必须做好充分准备，否则课堂上就会出现冷场现象。另外，教师必须保证内向型学生和外向型学生都能参与到讨论中，并且享有同等的发言机会。教师还要控制好讨论的方向，避免在讨论过程中出现偏题现象。

四、文化欣赏

文化欣赏是以班级为单位的教学活动，教师以主持人的身份组织学生根据预定的计划就某一文化专题或某一文化事件，代表个人或小组向全班做汇报式讲演。

文化欣赏可以采取不同的形式：可以是纳入教学大纲、按序列专题进行的演讲，如将学生分成若干组，指定主题让其准备，然后在课堂开始或结束时，由小组代表发言；也可以是随意的或即兴的文化欣赏，如学生凭自己的兴趣选择题目，进行课堂演讲；或者是总结性的文化欣赏，即在文化专题学习之后，组织汇报演讲，以陈述为主。

文化欣赏提升了学生的主动性和教师教学中的灵活性，学生可以自主选择专题，在课堂上安排的时间也较灵活。学生轮流表演可以公平分配学生的表现机会和在课堂上所占有的时间。学生的表演对学生间彼此交流和互相学习很有益处，同时，教师也会从学生的表演中获得新的经验。

文化欣赏对教师和学生提出了很高的要求。教师不能事先预知学生表演的内容，这就要求教师具备灵活应对课堂上会出现的问题的能力。另外，文化欣赏需要学生的积极配合，学生必须具有很高的积极性和很强的自主学习能力才能够顺利完成学习任务。

五、文化会话

文化会话是以小组为单位，以教师为辅导，以学生为主体，以围绕语言功能展开的口头交际活动为主要形式的课堂教学策略。影响文化会话开展的因素有以下几方面。

一是学生是否明了学习的目标，即会话主题、功能等。

二是学生是否做了充分的准备，如课前阅读、听录音等。

三是教师是否准备了完整的指导纲领，如有多少句式需要练习、会话的程序等。

四是教师是否建构了合适的学习环境，如交际情境、教室桌椅安排等。

五是教师是否经常干预学生，是指明方向，还是纠正偏题等。

六是学生是全心全意地投入交际，还是三心二意地敷衍了事。

七是教师是及时得到学生的反馈并采取措施，还是听之任之。

八是师生是否达成默契，按时、按计划地达到目的，是否建立了良好的互动关系。

因此，为了保证文化会话的有效实施，教师在课前必须做好以下准备工作：一是分配小组。分组时要充分考虑学生的个性、能力、性格等因素，努力建立一个互相尊重、乐于助人的集体，并要选择一个合格的组长。二是启动对话。小组活动开始之前，教师要简要明确地交代活动的要求与目标，活动中要适时监控各小组的活动情况，并准备好冷场时的应急措施。三是总结活动情况。在小组结束文化会话活动之前，教师要做全班总结，鼓励并评价学生的活动。

文化会话使小组成员参与教师设计好的学习任务的机会变多，避免了大班教学中学生说话机会较少的现象。小组活动的形式可以使学生积极参加讨论和交际，提高了学习兴趣，增进了学习效果。小组中的交际活动也为每个成员提供了体会不同社会角色的机会，训练了学生的交际能力。文化会话教学策略可能会使一部分习惯了"填鸭式"教学方式的学生感觉难以适应，而且，该策略要求教师把握好对课堂的控制尺度，既不能过多地干预学生活动，也不能失去对学生活动的控制。

六、文化合作

文化合作指学生在小组中以合作的方式来完成某项语言文化活动，是一种以任务为本的教学策略。

在使用文化合作教学策略时应该注意以下几个问题。

一是采取此种策略要有适合的教学时机，符合教学目的，不能为了使用策略而使用策略。

二是教师应该在活动前解释清楚活动目的、程序和预期结果，使小组成员了解自己要进行的活动，课前提供示范是有必要的。

三是教师应该根据学习任务准备和分发必要的讲义，列出学习指导纲领和活动的要求。

四是应该有适当的公平的评估方法来检测学生的学习成果，测验的手段和评分的标准必须既能反映出小组合作的成就，又能体现出小组成员的个人贡献。

小组合作式的学习方式有利于培养学生独立思考的能力，小组成员可以按各自的能力与专长分工合作，发挥个人专长，互相学习。小组之间的合作强化了学生对自己学习的责任感和对同学学习进展的关心，在人数较少的小组合作中，学生能及时听到别人的反馈和评论。

七、文化表演

文化表演是指学生根据教师假设的交际场景，扮演不同的角色，在小组内或大班内汇报演出他们的交际行为。在外语课中，让学生扮演角色进行模拟交际是一种比较常见的教学策略。

文化表演适合在小组（2～4人）中进行预演，然后在全班表演，包括三种形式。

一是依照课本上的对话，做模仿练习，练习对话。

二是即兴的、简单的、根据教师提供的文化场景临时产生的交际行为。

三是结合前两种活动的特点，教师给出活动场景要求学生设计更为复杂的交际脚本。例如，有的学校每学期都会有英语晚会或者英语小品、故事表演等。

第一种表演形式比较容易，简短的表演脚本能为参加表演的学生提供清楚的框架，教师可以允许学生准备提示卡片以减轻他们的心理压力，但是，学生的交际活动过于简单化和公式化，不利于其真正了解目的文化。第二种表演形式适于新课或完成一个单元教学之后，培养学生即兴表演的能力。第三种表演方式更适于在综合复习阶段使用。文化表演教学策略为学生提供了积极参与的机会，学生的表演活动是主动参加交际，而不是被动接受知识。

文化表演还为学生提供了一个没有威胁的、没有教师过多干预的、解决文化冲突的"安全"环境。通过文化表演可以提高学生的自信心与自尊心，锻炼他们的人际交往能力、增强他们在公众场合的交际能力。值得注意的是，文化表演一般需要很长时间的准备和演练，而课堂教学往往受到课时的制约，因此文化表演不宜经常使用。

八、文化交流

文化交流指与目的语国家进行师生互换，共同体会不同的教学环境，进行文化交流体验活动。由于国内外语教学条件的限制，很难在我国大规模地推广真正意义上的文化交流。国内最常见的文化交流方式是聘请外籍教师，使中国学生有机会真实地接触目的语及目的语文化。

九、文化谜语

文化谜语是一种教学策略，指让来自不同文化背景的学生就某个文化专题展开讨论，并且寻求某个教师提出的"谜语"的"谜底"。

解答文化谜语的过程是学生用已知文化与目的文化进行比较分析，以讨论的方式来解决交际中的文化冲突，基本上是以学生为中心的教学活动。在准备文化谜语的过程中，教师应该做好以下工作。

一是假设跨文化交际中的某个情境，以便引导学生提出实际问题。

二是创造协调的多元文化交际环境，以促使学生积极参与跨文化交际。

三是及时对小组或个人给予辅导、组织全班总结，以保证学习过程的顺利进行，使学生获取最佳学习成果。

文化谜语可以培养学生自行解决问题的能力，并使他们获得极大的满足感，加深对所学内容的理解。寻求文化谜语答案的讨论和交际互动，增强了学生学习的主动性，锻炼了学生批判性思考问题和应对的能力。文化谜语兼有文化讨论、文化会话和文化合作等教学策略的部分特点，因此它也同样具有这些策略的优点，该策略可以配合其他策略一起使用。

十、文化冲突

文化冲突是指利用外语课堂中发生的冲突实施文化语言教学。在多元文化课堂上的文化冲突表现为中国学生与外籍教师之间的文化冲突，和来自不同文化背景的学生之间因文化价值观的差异而造成的文化冲突。教师在准备与实施文化冲突策略的过程中要注意以下几个问题。

一是选择适合跨文化交际的教材，教材的内容必须有跨文化交际的特点。

二是组织多种形式的教学活动，布置有挑战性的学习任务。

三是教师本人将作为冲突创造者，用"反论"的办法与学生观点对立，激发学生与教师辩论。

四是教师往往无法充分预知课堂跨文化交际中出现的冲突，因此在组织教学过程中随机应变很重要。

文化冲突教学策略反映了跨文化交际的特点，化解冲突就是语言文化学习的过程，它把学生的本民族文化和目的文化通过语言有机地结合起来。这种策略更利于建立平等合作的师生关系。该教学策略要求教师具有很强的组织能力，对可能发生的交际问题要有充分的准备和灵活的应变能力。

十一、文化研究

（一）文化研究教学策略

文化研究是以研究和调查形式为主的学习，包括以下六个步骤。

一是提出文化研究课题。

二是选取所需信息和资料来回答确定的研究问题。

三是决定搜集文化信息与资料的方法。

四是处理原始资料，并将其整理归纳，以便分析解释。

五是分析归类的信息与资料，并从中找出答案。

六是总结分析并建议一个回答研究问题的答案。

（二）文化研究教学策略的适用情况

一是当学生学习的文化课题有相当的深度和难度，仅仅依靠以教师为中心的文化讲座无法达到预期目标，采用其他的策略也受到一定程度的限制时。

二是当学生在学习过程中对某个问题产生强烈的兴趣，并对此产生了截然不同的假设和观点，为了印证学生的观点，让大家全面了解这一问题时。

三是当教师期望学生有效地利用课外时间，巩固加强学生学习语言文化的成果，激励其学习积极性时。

四是当教师期望学生不仅在跨文化交际技巧方面有所提高，而且在综合能力，包括研究技巧、研究方法、互相合作和探索精神等方面也有所提高时。

文化研究促进了学生对语言和文化关系的深刻理解，调动了学生的学习积极性。研究的过程会使学生意识到过去所学知识的重要性，同时也有利于听、说、读、写四项语言技能的全面发展。在文化研究的过程中，教师要给予学生有力的指导，鼓励学生完成这项极具挑战性的学习任务。

十二、关键事件分析

关键事件是指在某一情境中出现的，由于交际双方的文化差异所导致的误解、问题或者冲突。关键事件只描述发生的事情，并提供交际各方的感受和反应，并不解释在此情境中交际各方的文化差异，学习者通过观察和思考，自己发现文化差异。使用关键事件策略的目的是使学生经历各种各样的，在与另一文化的人们交际时或是在适应到另一文化中可能遇到的困难问题和冲突情境。

教学中关键事件策略可以有不同的变化，可以把几个事件组合起来说明一个概念或过程。

（一）采用关键事件分析教学策略的目的

一是使学习者意识到自己对关键事件中人物的行为、态度和反应的理解和解释是特殊的，而且是由母语文化所决定的。

二是分享、比较并且分析学习者们不同的解释和理解。

三是分清关键事件中可能导致误解、问题和冲突发生的文化差异，澄清关键事件中影响到学习者和关键事件中人物的不同解释和理解的文化差异。

四是帮助学习者了解来自不同文化的人们之间存在差异，不同文化之间也存在差异。

五是帮助学习者了解在相似情境中，什么才是得体而有效的行为。

六是使学习者意识到自己该学什么，增强他们继续学习的动机。

七是为学习者参加培养解决跨文化冲突能力的角色扮演做好准备。

（二）教师在设计关键事件的时候要注意的问题

一是确定关键事件中的主要角色。

二是提供足够的背景知识。

三是必要时，暗示关键事件发生的时间和地点。

四是简要描述事件发生的顺序。

五是描述来自关键事件中人物所在文化的人们会怎样做，以及他／她的感受、想法和行动。

六是在条件合适的情况下，描述一下来自其他文化的人们会怎么做。

十三、角色扮演

角色扮演是语言技能课堂上常用的教学策略，也是重要的文化教学策略，通常由两名或两名以上学习者参加，为了完成特定的目标而分别扮演不同的角色，然后在教师及其他学习者面前表演出来。没有参加角色扮演的学习者的任务是做观众，观察并发现学习目标规定的某些问题。角色扮演活动中真正的表演时间一般只有 5 ~ 7 分钟，而准备的时间通常很长，有时可以达到 1 小时。角色扮演的主题可以是与来自其他文化的人第一次见面、进行国际谈判、在某一个你不熟悉的文化场景中拒绝别人，等等。

角色扮演的脚本应该清楚简洁，具有趣味性和戏剧的张力，而且结局应该是开放式的，采用日常生活工作或社交场景中使用的语言。

（一）角色扮演在文化教学中的优势

一是使参与的学生在人际交往的场景中清楚地了解相关技能，以及有效的和无效的行为所产生的影响。

二是教师可以通过参与表演的小组对有效和无效行为给予更多的控制。

三是使参与表演的学生有机会在真实的场景中尝试使用和巩固新技能。

四是参与者有机会感受另一个角色。

五是有助于提高学习者的学习兴趣。

（二）角色扮演的实施过程

一是向学生说明角色扮演的目的是使他们练习使用某一策略，鼓励他们尝试新的活动。

二是向学生描述角色扮演的情境。

三是确定参与表演的学生，可以由学生自愿参加或者由教师指定，给每个参与的学生提供所需的背景知识，给他们足够的时间做准备。

四是指导参与表演的学生的准备工作。

五是给观看角色扮演的学生们分配学习任务。

六是布置好表演的场地。

七是开始表演之后要做笔记，记录下表演者说的要点，以便之后开展讨论。

八是表演结束后，请观众们思考，在相似的情境中，有没有其他解决问题的方法。

九是请学生回答一系列的问题，目的在于使学生能够描述角色扮演中呈现的问题，给学生思考其他策略的机会。

十四、案例分析法

案例分析教学法始于美国哈佛工商管理学院，起初应用于管理教育和培训中，后来被其他学科广泛采用，外语教学中也借鉴了这一方法。

案例分析通常是用一段文字描述某一个真实的情境，并提供足够的细节，以便学习者能够分析其中的问题，并决定可能解决问题的方法。

与关键事件不同，案例分析可能包含几个事件、几个人物，而且对事件发生的情境的描述更细致。案例分析通常会留下亟待解决的问题供读者思考。

（一）案例分析教学法可以通过以下步骤实施

一是把案例分析材料分发给每个学生，让他们独立思考，或者以小组为单位分发材料，让他们集体协作，可以要求他们从不同角色的角度分析问题。

二是把小组活动的任务分配给组内不同成员，比如，有的人负责记录小组讨论内容，有的人负责做小组报告。

三是小组报告之后，带领学生进入经验学习阶段，即让学生回忆自己的亲身经历，总结自己从案例和小组讨论中得到的结论，并能够应用于实际的跨文化交际场景中。

（二）文化教学中采用案例分析法的优势

一是案例分析反映了真实的跨文化交际的场景，表明这是一个复杂的过程，并不像它看起来那样简单。它鼓励学生对"唯一正确的"或"唯一的途径"等概念提出疑问。

二是案例分析帮助学生了解影响跨文化交际中的各个因素的地位。

三是帮助学习者发现并解决那些由于文化的差异所导致的问题。

四是使学习者掌握解决问题的不同途径和策略。

五是解决问题的方法是基于不同的文化视角提出的。

六是在案例分析过程中的分析讨论以及辩论，使学生集思广益、取长补短，扩展了他们的知识面。

案例分析教学的成功与否，取决于教师和学生的素质，以及所提供案例的质量。只有这三个方面的有机结合，才能创造和谐融洽的学习气氛，产生良好的学习效果。

十五、文化创新

创新文化教学策略包括以下八种教学方法。

（一）文化渗透

文化渗透即将文化因素渗透到语言教学的过程中，以文化讲解保证语言教学的顺利进行。本方法与前面提到的文化讲座教学策略很相似。

（二）文化旁白

文化旁白是指上语言课或其他课程时就有关内容加以有关文化的介绍和讨论。本方法实际上是结合了文化讲座和文化讨论两个策略。

（三）文学作品分析

文学作品分析是利用文学作品培养学生的分析推断能力。因为对一般背景知识以及对文化特殊背景知识的了解可以帮助读者做出有效的判断，从而更好地理解文学作品的内容和意义。大量阅读文学作品可以丰富读者的写作知识，了解目的语的篇章布局和文体特点，熟悉目的语的思维方式，锻炼推断和分析问题的能力。该方法结合了文化合作、文化研究、文化讨论和文化欣赏等教学策略。

（四）文化片段

文化片段包括三个部分：描述跨文化交际中一个引起冲突或误解的具体事件，这一事件会使缺乏跨文化经验的学习者感到明显的困惑；以多项选择的方式对这一事件做出解释；由学生选出正确答案。该方法结合了文化谜语和文化研究策略。

（五）文化包

文化包是指一段文字、一组图片或实物，用以介绍和解释目的语文化与母语文化差异的一个具体侧面。该方法强调了学生的中心地位，结合了文化欣赏和文化表演等教学策略。

（六）文化丛

文化丛由几个同一中心主题的文化包组成。该方法结合了文化欣赏和文化表演等策略。

（七）文化多棱镜

人们对同一文化现象的看法各不相同，就像一面多棱镜折射出同一事物的不同影像。文化多棱镜可以通过辩论、角色扮演、调查采访等方式实现，该方法综合了文化冲突、文化研究和文化表演等策略。

（八）人种学方法训练

人种学方法训练是指让学习者身临其境地观察与参与，并对目的语文化进行描写和概括。学习者可以通过参与观察、访谈等方式搜集材料。该方法结合了文化交流和文化研究等策略。

以上是外语教学中常见的一些文化教学策略，它们各有优缺点和各自适用的范围。在语言教学中，教师可以采用一种策略或者几种策略的结合来开展文化教学。同时，选择教学策略时要考虑学生的语言水平、个性特征、教学内容、课时安排、教学条件、教师素质等主客观因素的影响，以便收到最佳的教学效果。

第六章　跨文化传播的工具

　　人类是借助符号与客观世界发生联系的，也需要借助符号来认识世界。从符号视角来看，文化实际上是一种通过符号将意义传递出来的人类行为。符号体系既是不同文化中人们认识世界的起点，也是人们进行传播活动的前提。对于跨文化传播学而言，人类在人际交往中所用的符号系统有两类：一是语言符号，包括口语与文字；二是非语言符号，包括表情、手势、姿势、沉默、时间、空间、颜色等。在跨文化交际活动中，传播双方应选择恰当的语言和非语言符号，从而展现文化的意义，同时分享社会关系。

第一节　符号学研究的思想基础

一、索绪尔的符号思想

　　瑞士语言学家索绪尔为现代符号学的诞生做出了基础性贡献。他的符号学思想集中体现在《普通语言学教程》一书中，书中设想了"有一门研究社会生活中符号生命的科学"，并把这门科学称作"符号学"；此后，人们对符号学研究的兴趣和热情几乎贯穿了整个 20 世纪。

　　索绪尔对符号学的理论贡献主要包括以下三点。

（一）将不同的语言形式分为语言和言语

　　索绪尔将不同语言形式分为语言与言语。他认为，语言是一个独立的、自足的整体；言语是对语言所进行的有目的的运用。言语是个人的、临时的，且充满变化。

　　语言以共时性为特征，一般比较稳定；言语则以历时性为特征，不同的时间和情境下的言语有所不同。可见，语言和言语的稳定性存在差异。

当然，语言和言语是紧密相连、互为前提的，要使言语为人所理解并产生效果，必须有语言；但是要使语言能够建立，也必须有言语。总之，促使语言演变的是言语，语言和言语是互相依存的，语言是言语的工具，又是言语的产物。

（二）将语言作为一种表达观念的符号系统来看待

索绪尔认为语言是一种表达观念的符号系统。在他看来，"语言学家的任务是要确定究竟是什么使得语言在全部符号事实中成为一个特殊的系统"。他还指出，"语言的问题主要是符号学的问题，我们的全部论证都从这一重要的事实获得意义。要发现语言的真正本质，首先必须知道它跟其他一切同类的符号系统有什么共同点"。

符号的存在直接受到它与其他符号的对立和差别的影响，所以任何符号都从属于受一定惯例支配的符号系统，并非独立存在的。也就是说，语言符号的意义是一个系统的作用，并非绝对的。想要寻找使语言得以运作的基本规则与惯例，需要从语言本身入手；要对语言的社会和集体层面进行分析，而不是分析单独的语言；要对语法而非用法进行研究；要对规则而非表达方式进行研究；要对模式而非材料进行研究；要找出所有说话者在潜意识层次上所共有的语言"深层结构"等。

（三）将语言符号分为能指和所指

索绪尔将语言符号分为能指与所指。能指是用来表达意思的字、词、句，是符号中具有物质形式的部分；所指则是这些语言要素被分配指向的意义、概念和思想，在使用者之间能够引发对某种概念的联想。能指和所指是通过意指来实现联结的。意指是使能指与所指连接起来的一种行动，它的产物就是符号。

索绪尔强调，能指与所指之间的联系是任意的，是约定俗成的，并不存在天然的联系。也就是说，一种语言是在其自选的能指与所指之间建立一种任意的联系，并非随意地将任意的名称分配给一组独立存在的概念，每种语言均通过一种任意的方法将世界构建为不同的概念与类别。

二、皮尔斯的符号思想

皮尔斯是现代符号学的创立者之一。他将符号学范畴建立在思维和判断的关系逻辑上，强调要研究符号自身的逻辑结构，这是他对符号学的主要贡献。他认为，符号学是一种"扩展了的逻辑学"。

皮尔斯对符号的定义是"任何一种真实的或复制的东西""可以具有一种感性的形式，可以应用于它之外的另一个已知的东西，以传达可能在此之前尚未知道的关于其对象的某种信息"。

根据符号与所指对象的关系，皮尔斯将符号分为以下三类。

（一）表征符号

表征符号是指与指涉对象存在某种直接联系或内在关系的符号。它与指涉对象之间没有明显的相似点，而在涉及具体、单独的对象时，会通过出人意料的方式引起人们的注意。例如，打哈欠是困倦的表征。

（二）类像符号

这类符号与指涉对象之间有着相似、类比的关系，如地图、雕塑、口技或模拟的声音等。这些符号载体所拥有的色彩、线条、形状与其表现的人、物体、景观等的物质特征相似。

（三）象征符号

象征符号与指涉对象之间没有必然、内在的联系，完全是依据某种规则或惯例而成为某种对象的再现。象征符号要生成其意指的事物或概念，一般需要使用者进行创造性的解释，如道路交通标志。象征符号是应用最多也最具代表性的符号。

皮尔斯打破了索绪尔的符号（能指）—意义（所指）的二元符号模式，把符号表现为一种符号自身、对象和阐释三者之间合作的符号化过程，使符号的丰富性显示为表征、类像、象征成分的有机结合，强调符号必须借助阐释才能实现对意义的传达，而阐释需要将符号同世界的某些相关方面联系在一起。这为理解符号提供了一个重要的启示：任何符号的意义均会受到某些环节条件的限制，符号发送者的意图、释义者的心理、符号的文化语境等，均会对符号的意义产生一定的限定作用。

三、罗兰·巴特的符号思想

罗兰·巴特的符号学思想在《符号学原理》和《神话》两书中得到了很好的体现。

在《符号学原理》中，罗兰·巴特关于语言学从属于符号学的观点与索绪尔不同，他提倡符号学是语言学的一部分，也就是"符号学知识实际上只可能是对语言学知识的一种模仿"。

同时，在本书中，他提出了符号学有以下四对基本范畴：①语言与言语；②所指与能指；③组合与系统（横组合与纵组合）；④外延与内涵。

在《神话》一书中，罗兰·巴特在索绪尔的符号概念的基础上，发展出一种特殊的符号学架构，对20世纪50年代法国社会中涌现的大众文化现象进行分析，对日常世界中流行的各种"神话"观念以及这些观念制造者的企图进行探索，将大众文化置于符号学研究中。在这一时期，"解神话"成为罗兰·巴特思想的关键词。"解神话"是"从意义构成程序的角度来看待神话和其运作方式的"，而一旦涉及意义的生产、流通和消费的过程，则是一个符号运作的过程。

针对索绪尔用以分析语言符号的能指与所指的概念，罗兰·巴特提出，能指和所指之间的关系不是"相等"而是"对等"的，即两者形成相互联合的关系。

具体而言，在语言符号中，能指与所指之间的关系是结构性关系；在非语言符号中，能指与所指是联想式整体，借助行为者的意图与社会惯例的本质相结合，进而组成符号。

对于索绪尔提出的语言和言语这对概念，罗兰·巴特提出了如下论断：人只有从语言中成功地吸收了言语，才能运用言语。只有从言语出发，语言的存在才变成可能。换言之，语言结构既是言语的产物，又是言语的工具，这一论断更具有科学意义。

此外，罗兰·巴特的研究还试图说明：符号并非简单的意义传递方式，而主要是一种参与意义生产的工具；人类置身其中的世界不是由事实构成的经验世界，而是由符号所构成的意义世界；人们从一个符号系统进入另一个符号系统，对于符号要编码与解码，而这些行为会体现在人类的全部事物中。

基于此，罗兰·巴特将符号学引入服装、饮食、广告等非语言符号领域，体现了人类的确是生活在"符号世界"之中的。

罗兰·巴特还指出，要了解主体间的互动，应首先对"主体间性"的特征有所了解。"主体间性"是指在心灵的"共同性和共享性中，隐含着不同心灵和主体之间的互动和传播"。他认为，编码者或解码者对符号意义的感知并不是因人而异的。他们首先是一个特定文化群体的成员，相同的文化背景使他们具有互相影响的意识。心灵的"共同性和共享性"是指相同文化背景中的所有成员共同感受的知识与经验，被普遍接受与认可。进一步讲，不论编码还是解码，均能通过意识实现对信息的传递，而解读就是"两个或者两个以上的心灵彼此进入，然后获得'共享世界'"。对于跨文化传播研究与实践来说，这个观点具有很重要的启示作用。

第二节　跨文化传播中的语言符号

语言是社会群体约定俗成的，由语音、词汇、语法构成的符号系统，代表了某社会之内的经验，同时体现了一种文化的精神与历史。

传播是从语言开始的。语言普遍存在于人类的各个重要领域，参与并构成了人类的传播行为。传播与语言相互依存，没有人能将两者分离开来；人与语言也具有密切的联系，没有人能割断这一联系。

人们通过语言制订计划，运用语言去梦想、沉思、评价、传诵和记忆，也通过语言因袭与创造文化，向他人表现自我，与他人沟通情感和思想，完成人类的传播需要。

语言是人类传播必不可少的工具，也是一种社会现象。人们创造和运用语言的行为是一种社会行为，同时在很大程度上影响着人们的社会关系。索绪尔将语言视为社会语言学中的一种材料，它包含人类语言活动的所有表现，无论是在个人生活还是社会生活中，语言活动都是最重要的因素。进一步讲，语言学的任务是"寻求在一切语言中永恒地、普遍地起作用的力量，整理出能够概括一切历史特殊现象的一般规律"。

关于人与语言的关系，萨丕尔认为，语言既是人进行思想表达的一种工具，也是思想的塑造者与程序的制订者。需要说明的是，在语言塑造人的同时，人也借由运用与理解语言而创造出新的意义。

此外，萨丕尔指出：人类具有独特性，这是因为人类可以借助语言传播而不断构建自己与世界的一体化关系，虽然人类生活在客观世界与社会行为世界中，但是还会受特定语言环境的制约。从这个意义来讲，人类在社会生活中是借助语言这一媒介来表达自己的。

对语言的观察应置于人类的传播活动中，人类的语言都是在传播过程中被创造和表现出来的。

通过研究语言与文化、语言与传播的关系，爱德华·霍尔提出了影响较大的"高/低语境"理论，认为人类行为包含两种传播系统——高语境与低语境；同时指出，世界上每一种文化均能划分到高语境文化与低语境文化之中。

"高/低语境"理论隐含的假设：文化提供了一面"屏障"，它位于人与外部世界之间，对人们应关注什么与忽视什么起着决定性的作用。

爱德华·霍尔认为，低语境中的语言传播往往表现为一种具有线性的逻辑互动、直接的语言传播、公开的意向表达的传播方式，其原因在于，在低语境文化中，很多信息是包含在传播过程中的，从而使语境中缺少的信息得到补充，因此传播者大多借助逻辑、推理、思维和语言表达，最终呈现出直接、外在的语言交流。

在高语境文化中，语言和符号的既定意义不是意义的最重要来源，意义是隐藏在语境与关系中的。所以，传播各方一般不会将自己的想法直接表达出来，而是借助一些不成文的规范、价值观、仪式、非语言符号等信息。爱德华·霍尔还以日本人和美国人的差异为例，指出高语境文化主要依靠非语言传达，常将人群区分为"我们"或"他们"，一般会更关心外来者进入"我们"的圈子时，是否能举止恰当，对于外来者的真实想法、态度或情感并不关心。

第三节 跨文化传播中的非语言符号

非语言符号可以指代人类跨文化传播中使用的语言符号之外的所有符号，主要包括身体语、时间、空间、沉默、服饰等。下面分别予以介绍。

一、身体语

身体语是指人们借助身体的各部分单独或配合做出动作来传递一定的信息。面部表情、目光接触、手势、姿势、身体接触等均属于身体语。

（一）面部表情

在身体语中，面部表情是常用的一种非语言符号。面部表情是人类社会交往的调节装置，是精神的直观表现，能反映出柔情、胆怯、微笑、憎恨等多种情感谱系。人类借助面部表情能展现丰富的情感、阐释话语、调节对话、塑造社交形象。

虽然人类传播存在诸多文化差异，但是世界各地的人在表达人类主要情感（如喜悦、幸福、悲伤、惊奇、恐惧、气愤、厌恶）时所使用的面部表情几乎是一致的。

在不同文化中，面部表情既有一致性，也有不同之处。受生理因素的影响，不同文化中的人处于喜、怒、哀、乐的心理状态时，大多有类似的面部表情，这就是共性；有些面部表情会因文化的不同而有所不同，这就是个性。

需要指出的是，虽然人类的面部表情基本相似，但是在不同文化中，对于人在哪种场合表达什么样的情感、表达多少情感的规定是不同的，所以不同文化中的面部表情存在多寡的差异。例如，在地中海地区，对于悲伤情感的表达一般会比其他地区更强烈，男人在公共场所哭泣的场面也比较常见。此外，一些面部表情在孤立的情况下具有相似性，但是在受到环境因素影响之后，则会呈现出差异。例如，不同文化群体的成员会因为谁在场、在什么地方、讨论什么问题等因素的变化而对自己的情感表达进行不同程度的抑制或修正。

（二）目光接触

目光接触是"运用目光的接触与回避、眼睛睁开的大小、目光接触时间的长短、视线的控制等方式传递信息"。

戴尔·莱斯的研究认为，目光接触至少承担了以下六种传播功能：①表明专注、感兴趣或兴奋的程度；②影响态度的变化与说服；③调节人与人之间的互动；④传递情感；⑤确定权力和身份关系；⑥为"印象处置"确定一个核心角色。

不同文化中的目光接触所传递的信息存在巨大的差异。例如，在黑人文化中，直视对方眼睛会被视为是轻敌的表现；在东方文化中，人们不会盯着一个人看，认为这种行为是粗鲁的；而对于英美人而言，他们将不敢直视或躲躲闪闪的目光语视为掩饰、不真诚或缺少自信的表现，所以有"不要相信不敢直视你的人"的说法。需要说明的是，眼神接触应做到适当，如果紧紧盯着对方10秒以上，会给对方带来不适感。

另外，有研究发现，与欧洲其他地区不同，地中海地区的人们更擅长使用目光来传递信息。此外，阿拉伯人和拉美人的目光接触比西欧和北美人要多；北欧人、印度人、中国人、日本人、印度尼西亚人的目光接触则比西欧和北美人要少。在日本文化中，人们将眼对眼谈话视为一种失礼行为，目光接触过长则被认为是粗鲁、威胁，以及不尊重对方。日本人在与他人对话时，绝大部分时间要避免眼神接触，听对方讲话的时候一般会看着对方的脖子，自己讲话的时候则通常看着自己的脚或膝盖。

（三）手势

手势指的是使用手臂与手指活动传递信息。用手势传递信息主要包括以下三种类型。

1. 模仿型

模仿型指的是用手势模仿一种物体或动作。例如，用一只手指指向太阳穴，表示用手枪自杀。

2. 代表型

代表型指的是用一个手势代表一个含义。例如，用跷起大拇指表示称赞或欣赏。

3. 指挥型

指挥型指的是用手势指挥别人的行为或动作，如合唱队指挥用手势打拍子。

在不同文化中，手势的使用频率和传递的信息存在差异。

从使用频率上来看，美国人和北欧人认为，那些多次使用手势和用力使用手势的人，一般不成熟，过于感情用事，甚至有些粗鲁。中东人、南欧人则非常喜欢手势，阿拉伯学者曾把阿拉伯人交谈时使用的手势划分为 247 种。而玻利维亚的印第安人很少使用手势，其原因主要是当地天气寒冷，人们习惯将手放在披肩下或裹身的毡子里，他们常通过表情与眼神来传达信息。在日本和芬兰，人们也较少使用手势，因为他们所接受的教育是要控制并掩饰自己的感情，因此肢体语言的使用较为有限。

从表达信息上来看，美国人的手势主要用以表示动作；犹太人的手势多用于强调；法国人的手势主要用于展现一种风度和克制；意大利人的手势多用来描述复杂的空间概念。此外，不同文化中一些比较常用的手势所传递的信息内涵在程度上也有所不同。例如，用食指和拇指做出"O"的形状，在中国表示的是数字"0"，在美国表示的是"OK"（好的），在法国表示的是"零"或"无价值"。

（四）姿势

在日常生活中，人们的姿势主要有坐、走、蹲、卧等。

不同文化对于姿势的使用也存在一定的差异。中国传统社会对人们的身体姿势有严格的要求，认为人应该坐有坐相、站有站相。直到今天，一些中国人仍旧将女子跷起"二郎腿"视为一种举止轻浮、缺乏教养的行为。美国人和加拿大人崇尚随意和友好，所以人们的坐姿和站立姿势通常较为放松，但是这些行为在德国、瑞典等国家则是粗鲁、不礼貌的体现。比利时人认为，双手插兜是对他人不尊重的表现。美国人坐着时，常跷起"二郎腿"，但这种姿势在朝鲜半岛、加纳、土耳其、泰国都属于禁忌。

不同文化中人们的走路姿势也存在很大的差异。日本妇女的步子碎而小；美国女性走路步子迈得大，腰挺得直。此外，不同文化中人们蹲的姿势也有所不同。

（五）身体接触

身体接触是一种基本的身体语，包括握手、拥抱、亲吻、拍肩膀等。身体接触是人与人建立关系的一种比较直接的方式。根据身体接触的方式，人们一般可以更好地理解相互关系，同时感受对方的态度。

身体接触对于人际关系的处理起着非常重要的作用。但是，在何时触摸，在何地触摸，均受制于一系列社会规范，据此可以将不同文化分为两类，即"不爱触摸的文化"和"接触文化"。

中国属于"不爱触摸的文化"。在传统中国文化中，人们认为随便触摸是一种不体面的事，异性之间更是如此，因此有"男女授受不亲"之说。在现代社会，父母也被要求不要在孩子面前相互触摸，从而保持家长的尊严。日本也属于"不爱触摸的文化"。在日本，接触他人的身体一般会被视为不礼貌的表现，人们打招呼一般是通过鞠躬的方式表示，不接触身体。阿拉伯、拉美、南欧和一些非洲国家的文化属于"接触文化"。

需要指出的是，虽然美国也属于"不爱触摸的文化"，但是中、美两个国家在一些方面也有差异。在美国，夫妻、恋人在公开场合亲吻，这样的接触是中国社会难以接受的。

二、时间

不同领域的研究中使用的时间概念大致有三类，即物理时间、生物时间、文化时间。

物理时间是由一些精密科学（如天文学）进行研究的、能精确计算的时间。

生物时间是由自然科学进行考察、以生物节律来测算的时间。

文化时间是指"人类的社会时间"，针对的是"不同文化中的人们对于时间的态度以及对时间的控制方式"。

本书所涉及的时间主要是指文化时间。

在跨文化传播研究中，时间被视为文化差异较大、易于产生传播失误的一种非语言符号。时间学指的是"对时间的使用、代表的意义及其传播行为的研究"。

每一种文化都有自己的时间。学界划分的不同文化的时间取向主要有三种类型：在不同文化中，时间既可能是线性的，也可能是循环的；既可能是过去的、现在的，也可能是未来的；既可能是单向的，也可能是多向的。

（一）过去取向、现在取向与未来取向

过去取向的文化代表国家有中国、日本、英国、法国。在中国传统社会中，"知天命""畏天命""温故而知新""死生有命，富贵在天"等思想都体现了过去取向的时间观念。这一观念在祭祖习俗、对年长者的尊重、对传统的维护等行为上均有明显的体现。

与过去取向不同，美国文化是未来取向的。多数美国人认为，回归过去是没有出路的，同时，他们也不太在意目前，虽然当下生活非常幸福，但是他们相信未来会更幸福。在这种取向的影响下，美国人很少循规蹈矩，不能忍受拖沓和慢节奏的生活方式。

现在取向文化中，人们相信将来的事情不可控制，因此在时间上倾向于注重现在，对于自己不能控制的未来，他们不愿预测。现在取向强调享受当下的快乐，在个性上无拘无束，乐于选择轻松自在的生活方式。

（二）线性时间与循环时间

线性时间将时间的流逝视为一种线性的单向持续运动，认为"时间可以节省，也可以浪费，可以丢失，也可以补偿，可以加快，也可以放慢，也会最终消失殆尽"。

循环时间是将时间的变化协调于自然状态，相信时间始终沿着永恒的圆周或螺旋运动，具有一种节律性、周期性、可逆性和连续性，如昼夜交替、季节往复等。事物演变的基本规律是盛极必衰、否极泰来。

西方文化中，线性时间占核心地位；东方文化中，循环时间占核心地位。在西方文化中，受历史传统的影响，主导文化将时间理解为有始有终的线性运动，即认为过去、现在和将来之间存在清晰的分割，强调将重点放在未来。在线性时间取向的影响下，在近代以来的西方社会，人们珍惜时间，既不愿意浪费自己的时间，也不愿意浪费别人的时间。

东方文化中的是循环时间。太阳每天升起落下，季节循环往复，每个人都从年轻到衰老、死亡，子子孙孙永远如此。时间被视为一种强大而神秘的力量，具有控制一切事物的功能。

值得提及的是，在中国文化传统中，线性时间和循环时间同时存在。儒家文化重视历史，提倡以史为鉴，通过研究过去来指导现在和未来。《论语》中"子在川上曰：逝者如斯夫，不舍昼夜"，体现了孔子对待时间的态度，他认为时间

如河水，不分昼夜地流过。但是，中国的线性时间取向毕竟不如西方，隐现在中国文化传统深处的循环时间对于中国人的影响更深。

（三）单向时间与多向时间

爱德华·霍尔提出了单向时间与多向时间的时间范畴。

单向时间强调日程、阶段性和准时性，倾向于做出准确的时间安排，一般会对任务取向的活动与社会情感活动进行区分，把重点放在未来而不是过去和现在。美国人就是典型的单向时间取向，他们把时间视为一条通向未来的道路或纽带，人们喜欢向前看，喜欢着眼于未来。

爱德华·霍尔认为，很多亚洲国家以及拉美、非洲国家属于多向时间文化。这种取向强调的是人的参与和传播活动的完成，并不过分在乎是否严格遵守预订的时间表，通常可在同一时间内做不同的几件事情，往往把任务取向的活动与社会情感活动相结合，更关注现在与过去，而非未来。例如，在阿拉伯和一些亚洲国家，如果提前通知，被邀请人可能会忘记，因而最后一分钟通知也被认为是真诚的邀请。

通过对人类历史进行回顾，可以发现，改变不同文化时间取向的事件有很多，其中主要有以下几种：①阿拉伯人、中国人和欧洲人的环球航海和探险的开始。②哥白尼学说确立了太阳是整个行星体系的中心。③文艺复兴的影响。④印刷机和机械钟表的使用。⑤与工业化相联系的运输技术革命。

根据历史发展的逻辑，人们发现：时间的变化对于人类行为的重构具有一定的推动作用，世界在某种程度上是在收缩的。与此同时，人们的社会眼界不断拓宽，这也逐渐减少了人们对一些固定社会关系的依赖。

今天，在高度工业化、市场取向的国家中，时间大致相似。福柯指出，精确时钟是工业时代最为重要的机械发明，它使各地区的时间变得协调统一，"精确、专注以及有条不紊是有纪律的时间的基本优点""时间单位分得越细，人们就越容易通过监视和部署其内在因素来划分时间，越能加快一项运作，至少可以根据一种最佳速度来调节运作。由此产生了这种对每个行动的时间控制"。

三、空间

空间指的是人在生活中面临的诸如高低、前后、左右、疏密、远近、中心边缘等。空间既涉及传播中的人际空间和身体距离，又包括对建筑、居所等固定空间的布局和利用。有关空间和距离的研究被称为"空间关系学"。

在文化研究的视野中，空间总是社会性、文化性的。空间的构造以及体验空间、形成空间概念的方式，对个人生活与社会关系起着重要的塑造作用。

20世纪60年代，爱德华·霍尔把具有不同意义的空间划分为固定空间、半固定空间和非正式空间三种：①固定空间，即结构和功能固定不变的空间，如建筑物、街道、花园等。②半固定空间，即可以移动的、功能也可以改变的空间，包括家具、图画、盆栽植物等。③非正式空间，即紧紧环绕在人们身体周围，随人们移动而移动的个人领地。在爱德华·霍尔之后的研究中，非正式空间也被称为"人际空间"。

下面重点探讨人际空间与固定空间。

（一）人际空间

爱德华·霍尔根据人与人之间亲昵和疏远的程度，把人际交往中的空间分为以下四种。

1. 亲密距离

亲密距离指的是密友、父母、子女之间的距离，一般在0～0.5米。这一距离可以允许身体接触、能嗅到彼此的气味、能看到彼此的面部细微表情、能感觉到对方身体的温度、能够轻声耳语。

如果无权进入亲密距离的人进入该空间，如在电梯、公共汽车或地铁里，会在不同程度上引起人们的不安或不适。

2. 人际距离

人际距离是由亲昵关系向一般社会关系过渡的距离，一般在0.5～1.2米。人们在非正式的个人交谈时，一般保持的距离就属于这一类型。这一距离可以看清对方的反应，可看到彼此的面部细微表情，但是不会对亲密距离产生侵犯。

3. 社会距离

社会距离，即一般传播或做生意时所保持的距离，一般在1.2～3.6米。在这一距离内，传播者可以轻声谈话，但一般看不到彼此面部的细微表情。这一距离通常出现在非个人事务、社交性聚会和访谈等场合。

4. 公共距离

公共距离指的是正式场合的传播距离，一般在3.6～7.6米。该距离主要存在于公众性的讲话和讲演等场合。

不同文化都使用空间语来感受关系的亲密度，同时也使用空间语对人与人之间的交往活动进行规范。在多大空间距离中与他人交往，既与人对空间的不同理解有关，也与互动者的个人特征有关。一般情况下，同龄人站在一起时，空间距离会比较近，女性在一起时的距离也会比较近；男性与男性站在一起时，会比他们和异性站在一起时的距离远。

在不同文化中，人际空间所受到的性别差异影响有很大的不同：有些文化认可男性之间有身体的接触，有些文化则禁止这样的行为；有些文化希望女性之间应比男性之间保持更大的距离，而在另一些文化中，女性这样的行为会被理解为冷淡、漠不关心；有些文化允许异性交往时身体有某种程度的亲密接触，而一些文化则严格禁止这种行为。

研究者注意到，在对话的过程中，英国人、美国人和瑞典人彼此站得最远，意大利人和希腊人站得比较近，南美人、阿拉伯人和巴基斯坦人站得最近。

（二）固定空间

固定空间一般指的是建筑物及室内的空间和方向，能体现不同文化的价值观和态度、民族性格和交往方式。

通常，乡村、城镇、都市的设计是随时代和文化变迁所进行的有意识的设计，并且会因文化和历史的不同而有所不同。一方面，文化直接影响着人们对空间的安排和使用；另一方面，空间的安排和使用能体现文化的主流观念。

中国传统建筑中比较典型的是四合院。四合院以北房为上，东厢房为次，西厢房再次。长辈、尊者居于中轴线的正房，晚辈和卑者则住在偏房，区别尊卑长幼，体现了名分等级。在四合院里，房间和房间之间相隔并不严密，个人的隐私权一般得不到保护。从空间分配来看，这种布局强调家庭成员的共同活动和交流，对于个人住室的分隔则不那么重视。

由于家庭成员无明显的、固定的个人住室，房间的分隔不严格，这就与院墙把家庭与外部世界严格分隔开来的设置形成鲜明对比。有研究指出，在这样的环境下所培养的是家族精神，而不是公共精神，是相对的价值观而不是普遍的价值观。

在固定空间使用上，西方与东方有很大的差异。西方人对空间极端崇尚和高度敏感，习惯于使用空间来维护家庭或群体的领域和隐私。在北美文化中，空间代表着权力。

不同文化对固定空间的方位偏好也不同。例如，在中国传统文化中，把面南视为至尊，而面北则是失败、臣服的象征。此外，中国传统以东为首，以西为次，现代汉语中的"做东""房东""股东"都体现了中国以东为首的文化。

四、沉默

沉默作为一种主要的非语言符号，包含多种程度不同的信息，往往作为语言符号的补充，能将语言符号中隐蔽的信息反映出来。

在不同的文化中，沉默可分别表示正在思考、压抑、蔑视、不同意、责备、赞成、原谅、谦恭、允诺、悲伤等不同的意义。

东方文化给予了沉默很多的积极意义。中国古训有："非淡泊无以明志，非宁静无以致远"，体现了中国人对沉默的依赖与向往。汉语中有很多成语也告诫人们要少说话，如"言多必失""祸从口出"，而"伶牙俐齿""巧舌如簧""油嘴滑舌"含有贬义色彩。

阿拉伯文化和西方文化则给予沉默更多的消极意义。在这些文化中，沉默被视为交往中最不理想的状态，沉默是无所事事、无话可说的象征。因此，人们难以忍受沉默，一般会通过提问的方式迫使对方说话。例如，阿拉伯人和希腊人强调朋友之间、家庭成员之间积极的语言交流；对于意大利人来说，与朋友交谈是能带来乐趣的重要消遣方式，也是美好生活的标志。所以，很多西方学者将沉默视为传播的对立面，排斥沉默在传播中的积极作用。

需要指出的是，在某些西方文化中，沉默也可能代表着高度的相互理解和信任，如在密友之间。例如，芬兰人认为，沉默是社会交往活动的重要组成部分，沉默不代表没有交流，懂得什么时候应该闭口是一种美德。

20 世纪 80 年代后期，西方传播学者开始对沉默进行实用性研究。他们对沉默的非语言符号功用如何介入传播进行了分析，对沉默的积极与消极意义进行了深入探讨。陆续呈现的研究指出，沉默是一种"混合的"语言，沉默与人际对话有关，"话语没有停顿是不可理解的，沉默不是一种间隔……而是一座联合声音的桥梁"。研究者发现，沉默能传达信息，尤其人在词语表达出现限制时，沉默中运用的表情、身体动作、接触等非语言符号对于暂时出现的意义空白具有增补作用。而对语词无力解决的事情，沉默则能起到只可意会、不可言传的作用，这时，语言与传播合为一体，语言中有着沉默的知识，就像沉默拥有语言的知识一样。

围绕沉默进行研究，有的研究者提出了会话的数量原则，即对话时提供的信息应适量，说话的多少要与不同环境相适应。不同群体对什么时候应该开口以及应该讲多少话的期望有一定的差异，这些差异一般是潜意识的。

哈维·萨克斯等在研究如何调动和组织谈话的过程中，将沉默总结为以下三种样式。

（一）空白

当没有人继续谈话时，或是没有人愿意或能够接替谈话之时的空白，常使人感觉不舒服。

（二）空档

一个讲话者结束了谈话，人们也知道下一个人是谁，但是这个人还未上场，这种沉默属于传播过程中的停顿和间歇行为，若持续时间比较长，同样会给人不舒服的感觉。

（三）停顿

停顿多出现在一个人说话的过程中，是较为自然的沉默范围，谈话者停下来，一般是为了思考或改变谈话内容。这种沉默能避免语言表达的平铺直叙，能将传播者的心理活动过程体现出来。

沉默是表现社会文化特征和心理过程的"话语真空行为"，形式与意义结合有很大的不确定性，并存在文化差异。若完全将沉默看作负面的传播现象，忽视沉默与人和语言的正关联，对沉默持否定态度，缺少对沉默的观察，那就无法更好地理解沉默的积极传播意义。

五、服饰

服饰是通过服装和饰物来传递信息的一种非语言符号。根据人类学的研究，人类穿着服饰的目的主要有三种：①礼貌，即因羞耻之念而把肉体遮蔽起来。②保护，即保护身体、抵御气候的侵袭和外敌的攻击。③装饰，即为装饰外观，以炫耀于众。跨文化传播研究所关注的主要是服务于第三种目的的服饰。

服饰与特定时代、特定群体的文化有关。一方面，服饰反映着人类的观念、制度形态等精神文化的内容，反映着特定时代人们的思想情感、主观意愿、社会习俗、道德风尚和审美情趣，是一种反映社会成员普遍心理和民族精神实质的文化形态；另一方面，服饰是文化群体的特征呈现，文化及群体自身的不断衍化，必然导致了服饰式样、着装方式与服饰观念的衍化。

此外，服饰还能用于对社会等级和社会阶层进行区分，可以传递多种信息，如经济水平、教育水平、社会地位、经济背景、社会背景、教育背景、是否值得信任、是否庸俗、成功水平和道德品质等。从这一意义上来看，服饰能体现社会人的公共地位。也就是说，从一个人的服饰上，人们能对其社会地位与职业状况做出大致的判断。

中国传统的服饰深受儒家思想的影响。《论语》有云："质胜文则野，文胜质则史，文质彬彬，然后君子。"这里的"文"指"文采""文辞""才情"等，表现在外部，尤其是延伸到服饰上，则指外表、外在的修饰，又有"纹饰""装饰"等含义；这里的"质"，意思则是"质朴""朴实""本质"。只有"质"与"文"高度统一，也就是内在本质、精神与外在纹饰达到了高度和谐一致，才能称得上是尽善尽美的君子。

受这种服饰观念的影响，中国传统服饰强调人的精神与气质，而非人体的曲线，注重服饰整体的外观效果，比较在乎图案的细致与华美。而西方传统服饰文化则注重人体的表达，认为服饰的一个主要目的就是表现人体。西方服饰从一开始就注重人体美的理念，经过历史的发展，西方人对人体美的崇尚使西方服饰在近现代社会走上了塑形的道路。

西服和长衫是中西传统服饰的代表，通过对两者进行比较，可以看出两种服饰文化的差异。西方人注重自我，性格外向，具有一定的进攻性，所以服饰体现出一种坚实、挺拔、稳固和刚性的气质；中国人更在乎人际关系，服饰以线条为主，柔软多变，更注重和谐。西方服装比较看重独立性，突出形体和性征；中式服装寻求"从众"与中庸，努力消除自身的某些独特性。

第七章 跨文化传播的核心——国家形象

在国际关系领域，国家形象树立作为一种"信息资本"的运作与流动，已成为经济全球化进程的主要推动力，在一定程度上可以认为，国家形象就是跨文化传播的核心。

第一节 中国传统文化与软实力

一、中国传统文化

从夏商的原始自然崇拜到周时儒道社会伦理和人生价值体系的建立，中华文化心理的建构过程结束了。在汉代近 400 年完善发展之后，成熟稳定的"汉"文化心理得以形成，它以中原农耕文化为核心，以君臣、父子为纲常，以忠孝仁义礼智信为价值观，以自然和谐为追求。这是一个群文化心理结构，它对人生的社会意义做了解释，而且是对人的精神的最好引领。在我国古代，文化呈现多元化趋势始于春秋战国时期。当时的代表学派如儒家、道家、法家、墨家、杂家等各自提出了不同的看法与观点，他们都代表了不同阶级的利益，由此形成了百家争鸣的良好局面。

我国完整、成熟的文化心理是从汉代开始的。在这个阶段，中国社会的发展以农耕文化为主，同时以君臣、父子为纲常，价值观为忠孝仁义礼智信，心理结构主要体现为对自然和谐的群体文化的追求。但是，中国社会文化中的这种群文化心理结构没能限制个人的政治野心与对权力的欲望，因此当欲望与文化建构发生冲突时，原有的秩序被打破，最终发生了东汉的动乱。

在汉代，统治者提倡"罢黜百家，独尊儒术"，在此影响下，儒学占据了不可动摇的核心地位。在南宋，程朱理学的提出进一步将儒家思想教条化、正统化，最终使其成为中国封建社会发展历史中的主流文化，对中华民族传统文化的形成与发展产生了不容忽视的重大影响。尽管如此，但其他几种文化与儒家之间的斗争也一直不断。

公元前136年，汉武帝刘彻采纳了董仲舒提出的"罢黜百家，独尊儒术"的建议；公元前124年，汉朝设立太学，通过经学选拔人才，在任命官员中排除武艺方面的人才，重文轻武的风气开始大肆盛行。

汉代的这种群文化心理发生变化还因为其只对社会意义进行了阐释，而没能对人生的社会意义进行解释，从而不能给人最好的精神引导。这种不全面性在社会的动荡中得到了证明。

文化心理学认为，"文化总是努力成为一个完整的形态，拥有完整的结构，然而仔细推敲，每种文化都存在着结构上的不完整"。由于汉末时期时局动荡，中央政府失去了对社会全局的掌控能力，社会制度开始崩溃甚至垮台，儒学开始没落。随着社会危机的加剧，儒家思想也出现了伪善的一面。

两汉之后，受儒家"礼乐观"的严重影响，社会上呈现出"重功利、轻嬉戏"的文化思想倾向，不过后来在魏晋时期所出现的玄学对这一儒家思想进行了严重的抨击。玄学宣扬"人生在世，及时行乐"的文化思想，这一学派"独尚自然，反对名教"，在实际生活中往往寄情于山水、骑马射箭、弹琴奏乐、追求享乐，这对后来的唐代社会产生了很大影响。

在唐代，士大夫阶层十分崇尚诗赋技艺；军队中比较受欢迎的体育活动是拔河、扛铁、角抵等；在官员阶层，人们喜欢拔河、跳舞等。公元702年，武则天开设"武科举"，自此将领的选拔被纳入科举体系中。

理学在两宋时期尤为盛行，成为占统治地位的思想文化。周敦颐是理学的创始人，他融合了《老子》的"无极"、《周易》的"太极"、《中庸》的"诚"以及阴阳五行等学说，解说了宇宙万物的生成变化的规律，阐释了封建的人伦道德，表述了"格物致知"的认识规律，提出了"修身、齐家、治国、平天下"的仕途范式。

明清时期，封建统治阶级在思想文化方面实行高压政策，统治者大兴文字狱，推行文化专制主义。到了康熙之后，整个思想界出现了思想麻木的局面。程朱理学在明清两代的思想文化中占据统治地位。此外，明清小说把现实主义文学推向了高峰。

社会心理学认为，社会文化心理对人格有着重要的塑造功能，能够使社会成员的人格向着相似的方向发展。因此，在同一种社会文化中生活的人们会具有一些共同的性格特征。具体来说，19 世纪初国人的社会文化心理特征主要表现在以下两个方面：一是本族中心主义模式，认为中国地大物博，在政治、文化等方面都十分优秀。二是由于长期历史文化的积淀，因此国人带有安分守己、论资排辈、乐天知命的文化心理。这个阶段中国封建文化已经开始没落，因此大众的社会文化心理也在不断变化。

随着西方的扩张，国人的心理文化在复杂的社会中开始不断变化。鸦片战争的出现使得国人意识到了改变的重要性。这种冲击使得人们从封建文化思想中挣脱出来，有志之士开始进行变革。八国联军的侵华打破了国人的心理防线，从而激发了人们的反抗情绪。但是洋务运动、戊戌变法、辛亥革命的失败使人们意识到只有改变国人心理，才能构建新的社会。

在失败的刺激下，中国人开始积极寻求失败的原因并找寻新的突破口。人们意识到封建腐朽的文化成为中国落后挨打的主要原因，在批判旧文化的过程中，人们开始积极寻求变革，进行着新文化的建构。这种新文化的建构的重要表现就是对西方文化著作的译介。通过翻译的引导，民众开始形成一定的集体意识，从而促进着中国文化的发展。

20 世纪初，留日学生的"译书热"为中国大众带来了丰富的精神食粮，新文化运动的兴起冲击着中国传统文化，改变着社会的精神面貌。具体表现在以下几个方面：①引入民主、平等、自由理念。近代中国人为了振兴中华民族，努力向西方学习，对西方的民主、平等、自由等观念进行学习，从而加速了我国民主等精神的发展，促进着新的社会文化心理的形成。②引入科学精神与科学手段。科学精神与科学手段在翻译的作用下被引进，从而开始打开我国传播科学、变革思想的大门，人们开始认识到科学的重要性，学习西方的势头不断涌现。③新文化心理与传统意识形态的融合。新文化的建构需要经历长期的过程，不仅需要与传统文化相融合，而且需要在融合的基础上使大众接受新的文化形式。当新文化最终成为集体文化的一部分时，新的文化心理才算建构完成。④共产主义意识形态的建立。俄国十月革命以后，马克思主义和列宁主义为国人所熟知。传播共产主义意识形态在中国文化思想界异常火热。很多共产主义革命知识分子开始通过翻译经典著作向国内传播共产主义思想，从而形成了重要的思想潮流。马克思主义在中国的传播是民众的选择，对民众社会文化心理的建构有着重要的影响作用。

二、软实力

1990 年，约瑟夫·奈分别在《政治学季刊》和《外交政策》杂志上发表了《变化中的世界力量的本质》和《软实力》等一系列论文，并在此基础上出版了《美国注定领导世界？——美国权力性质的变迁》一书，提出了"软实力"的概念。他指出，一个国家的综合国力除了由经济、科技、军事实力等表现出来的"硬实力"，也包括以文化和意识形态吸引力体现出来的"软实力"，一个国家的软实力取决于其文化的魅力、国内政治和社会价值观的吸引力及其外交政策的风格与实质。

在我国学术界当中，很多人认为文化软实力是一种客观存在的力量，并且这种力量一直控制着我们的思维，是软实力的重要组成部分和核心要素。这种软实力不是强制施加的影响，而是被主动接受或者是主动分享而产生的一种影响力和吸引力。早在党的十七大报告中，"文化软实力"就被提到重要位置，提升国家文化软实力已经成为提升我国综合国力、国际竞争力的重要因素。

第二节　中国国际传播能力建设

新闻传播学领域一个持续性的核心命题是传播效果研究，尤其以美国传播学派为代表。20 世纪早期广播的诞生以及 20 世纪 40 年代电视的发明与广泛应用，引发了包括社会学、心理学、文学等来自社会各个传统领域对于大众传播媒介和现象影响的深入研究，围绕传媒和传播研究形成了几个大的学派，包括以英国为代表的文化研究学派、以德国为代表的法兰克福批判学派和以美国为代表的以传播效果研究为核心的美国传播学派，这些学派占据了 20 世纪传媒和传播研究思想与学术地图的大部分。

中国国际传播能力建设现在正进入一个转型期，虽然总体上依然可以维持上述格局判断，但一系列的现象已经逐步清晰地呈现出新的特点。比如，国际传播能力建设在财政资金方面的持续投入与国际性议程设置能力的提升二者之间的张力空间不断缩小；中国国内经济形势的发展已经推动中国国际地位的提升；信息传播新技术以及国际金融领域、军事领域、公共外交等的新举措为中国国际传播能力建设提供了新的生产力等。

1942 年，传播学先驱拉扎斯菲尔德提出了增强传播效果的三个"有效条件"，并在 1948 年将其改造为简明扼要的三个概念，即"垄断、渠道和补充"。这三大条件是拉扎斯菲尔德和默顿对媒介如何对公众产生强大影响力条件的界定。从传播的视角来反思中国国际传播能力建设工程和中国传媒"走出去"的十年，推动能力提高进而进入一个相对微妙转型期，朝向传播格局破局需要思考三个方面的问题，即"超越垄断""渠道重生"和"有效补充"。

一、超越垄断

之所以说是"超越垄断"，是因为在国际传播领域，中国长期以来一直处于"被垄断"地位。"走出去"的中国传媒远未达到某种垄断或者朝向垄断，但是在旧的国际传媒和传播秩序已经带来国际范围内全面反思的时候，超越既往的垄断模式和思维，摸索出中国国际传播的思路，首要的还是从突破和超越垄断开始——既有反垄断的意思，更有超越垄断的思维，建构新的国际传媒和传播新秩序。

大众传媒实践和研究迄今已经有的一个共识是，信息已经不能被看作单纯的"消除不确定性"功能的信息；同样，传播无法被简单化为信息的流动过程。作为文明要素的传媒如今已经经过产业化和社会化的漫长过程，跻身文化发展地图，影响甚至在一些时间节点上决定着文化变迁的发展方向和进程——《第三次世界大战——信息心理战》一书中所描述的苏联如何被"传媒联合国军"所瓦解的命运足以证明这个道理。

关于构建国际传播新秩序，最早的讨论是 20 世纪 70 年代提出的"世界信息传播新秩序"的概念，试图以之来抵制由发达国家及其跨国媒介集团构建的全球传播秩序，建立一种民主、公平、均衡、平等的信息交流和文化传播体系。这样的理念贯穿着一大批学者的努力，也贯穿着国际组织的努力。

用拉扎斯菲尔德和默顿的思想理性分析国际传播领域，传媒秩序不是单纯的"西方"笼统概念可以涵盖的，对于"垄断"的认识要清晰，对于超越垄断的努力要区别对待。传媒秩序从来是政治秩序的副产品，是经济秩序的延伸。美国埃默里父子的《美国新闻史》中提到，"新闻事业的扩张是国家精神的反应"，那么，传媒事业的过度扩张也必然引发相应的国际反应。传媒是在商业利益和新闻价值之间找平衡，在媒体使命和文化责任之间走钢丝，在国家利益与世界趋势之间寻方向。事实上，旧的传媒秩序可以视为以美国为首的西方跨国传播体系和跨国传媒集团综合作用的结果。其中，从传播渠道来说，基本上是美国和英国的垄断。但是，旧秩序还体现在另外一个层面上，就是除了渠道垄断之外，更重要的是基于这样的渠道传播的内容，是西方价值观、政策和西方文化在话语权上的垄断，这是旧的传媒秩序的实质。

二、渠道重生

从产业的视角来看旧的传播秩序，概括起来分为上、中、下游。

世界范围内传媒产业上游的特征：第一，规模庞大，包括人员、覆盖地区、节目制作和播出能力；第二，产业垄断，媒体的经营和运营产业处于垄断地位；第三，影响巨大，从本领域来看，信息的传播具有毋庸置疑的品牌效应，超出传媒产业领域之外，具有强大的信息渗透能力、知识生产能力、舆论引导能力和文化建构能力。上游的传媒业因为其背后的利益集团与国家品牌紧密相连，在某种程度上已经等同于国家喉舌，其影响波及全国乃至全世界。上游产业的代表有美国的时代华纳、新闻集团、维亚康姆，德国的贝塔斯曼等。

处于中游地位的传媒特点：第一，本国或本地区产业规模最大；第二，在本专业领域具有话语权；第三，影响力和传播覆盖面有限。在某种程度上等同于局部国家和地区的喉舌。

传媒业的下游包括了几乎所有的发展中国家，如星光点点散布在世界各个国家和地区，它们的特征在某种程度上等同于中游传媒，但都几乎无法跨越国界和地区边界，停留在一种社区传播的层面上，影响范围极小。

综上所述，我们看到中国传媒在世界传媒业的位置。第一，处于中游，但绝非中流砥柱。在近80个世界级的传媒集团中，中国仅有3个。第二，信息提供匮乏且被动。目前全球五个人之中至少有一人是华人，但全球信息量只有4%来自华文媒体，远不及四大英文通讯社所占的80%；互联网上90%以上的内容都是以英语来呈现的，近些年中文内容的占比才开始上升，由以前不足5%已经达到12%，但还远远不够。

从国际传播"渠道"建设角度来看，不单单限于跨越国界、设立站点、派出记者，因为这些行为组合本身就被贴上意识形态的标签。经过一段时间的发酵，再演绎出文化殖民主义的意思，乃至文化和文化产业的倾销，这种与西方如出一辙的作为，不仅不利于我们长远的传播，而且自然也容易落入对方的掌握之中。

更现实可行的路径是与西方传媒集团进行合作。当中国政府提出"中国媒体走出去"战略之后，以往我们如何应对海外传媒的思路转向了如何拓展国际传媒市场，那些走向国际的中国传媒正在经历的，与当年我们如何应对海外传媒，如何确保我们的文化和舆论不受影响的思考以及采取的对策大多相似。

"渠道重生"包含至少两个维度的含义：第一，中国官方传媒"走出去"，设立分支电视台或者记者站等。自中国政府提出传媒"走出去"以后，这项工作进展得相对顺利。第二，除了官方的传播渠道，民营媒体也将扮演更加重要的角色。近些年来，中国民营资本在国际传媒市场的拓展成绩显著。

三、有效补充

国际传播能力是在国家实力基础上战略想象的产物，是一个国家综合运用各种渠道、手段向"文化他者"有效传播本国政治制度、价值观以及文化，构造国内和国际文化认同的能力。

国际传播的"有效补充"是实现国际传播从官方、媒体走向目标受众的"最后一公里"。由此界定来看，"补充"是指媒介只有与面对面的交流相辅相成、互为补充，才能取得最佳效果。从学理层面来看，国际传播能力建设的补充手段归根到底是汇聚到个体层面的跨文化传播。国家和机构层面的顶层设计和渠道建设，最终效果检验还是落到对个体的影响程度上。

跨文化传播研究领域的研究对象是"文化他者"，特指的是大写的 Other，不是小写的 other。小写的 cultural other 一般指的是同种 / 均质文化背景中的另外一个人；而大写的 Other 特指来自其他文化背景中的作为该种文化代表的主体，可能是一个人，如在中国大学课堂中的来自非洲的学生，他 / 她在看待其他中国学生的时候以及中国学生看待他 / 她的时候，都是在一种跨文化视角和文化总体概念下互相看待；也可能是一个组织，如跨公司。

运用跨文化传播的思路将出发点和落脚点聚焦于文化他者，既可以规避将大写的 Other 当作小写的 other，用国内宣传的思路指导国际传播，又可以有深刻的文化自觉意识，在具体的国际传播实践中，贯穿跨文化意识，将国际传播的"最后一公里"用跨文化传播的理论和思想进行充分指导。重点体现为对以下几个方面关系的重新认识。

（一）重新认识国际传播和跨文化传播的含义

"国际传播"跨越的是国家和地区的边界，借助的媒介一般是大众媒体，朝向虚拟的、广义的"受众"，实现的是国家或国家利益集团在国际范围内的特定利益目标。跨文化传播是以文化和传播为双焦点，以"文化他者"为研究对象，综合运用文化研究和传播学领域的思想成果，研究文化在人、组织、机构、国家等层面的传播过程和规律，同时研究这样的文化传播过程中大众传播媒介的基础性和调解性作用，进行新的文化主体的生产，并在此基础上进行新的知识生产，探讨实现不同文化之间的理解、合作、共存、共荣的可能与机制的一门交叉学科。简言之，跨文化传播跨越的是文化的边界，借助的不仅仅是大众媒体，还有诸多的日常媒介，面向的是一个个鲜活的文化个体，实现的目标中也包含"国家或国家利益集团在国际范围内的特定利益目标"，但其影响的深远程度和综合效应更大。

而跨越文化边界的跨文化传播，从传播内容来看，包括政治制度、价值观、意识形态以及文化；从传播渠道来看，包括公共外交、商业往来、旅游、博物、访问、教育（留学）、产品、媒体等；从传播对象来看，是文化他者，即来自不同于本国／地区文化的受众群体，既包括通过物理边界区分的不同国家和地区的民众（包含在外国／地区生活、停留超过一定时间的中国人），也包括通过精神性区分的不同文化背景的民众（包含在中国国内的外国人）。在这样的受众群体划分中，中国台湾、香港和澳门等地区的受众群体也在国际传播能力建设的范围之内，但是其特殊的地理和文化、历史背景需要区别对待，应专门立项研究。

（二）重新认识文化话语权和话语霸权的关系

话语的权力在国内语境下表现为"领导权"。意大利共产党思考革命斗争失败的教训时，葛兰西使用"领导权"的语境是国内政治斗争，是工人阶级通过议会政治夺取权力的思维模式，在西方马克思主义思想序列中，其价值在于用议会政治取代暴力革命的思想转化。

但是，近些年来话语的权力被应用于国际传播语境，简化为国际话语权的争夺。这样做的起点或者逻辑前提是，跻身于世界舞台的中国是被当作一个平等交流的对象，或者在重大国际事务中不可忽视、不可小觑、不可侮辱的一个伙伴，更进一步说，世界传媒秩序是有公平公正可言的。在此基础上，原本特指国内政治权力再平衡的话语战略才可以在国际性大社区语境下发挥作用。因此，从理论上来看，获取话语领导权的前提是国际传播的战略平衡状态，也就是说，西方垄断被有效缓解，战略制衡机制发挥作用；进一步说，在国际传播致效的期待下，中国被切实当作伙伴的开始是反垄断，更是超越垄断，是西方话语霸权的消解和我们话语权增长的博弈过程。

中国经济的崛起绝对性地改变着国际传播实力平衡格局。在国际传播领域，中国也不失时机地另起炉灶——国际传播一期工程从硬件和机构建设上打下了传播的基础架构，"一带一路"的构想从传播学视角来看，尤其从国际传播视角来看，本质上、实质上也应该视为传播基础结构的建设工程，为此后国际传播秩序的改变，为中国周边安全的发展环境，从传播基础结构视角建设长远的工程。

（三）重新认识语言培训和跨文化培训的关系

中国文化中的实用主义观念很浓厚，无论是企业还是国家外派人员，都十分重视语言培训。其基本的逻辑是，如果一个人学会了用外语交谈，他就能进行跨国传播了。但问题是，这样的国际传播有效性如何？

实际上，有效的国际传播是在跨文化传播理论指导下的传播，而跨文化视角下的国际传播，绝非单纯依靠语言这一类媒介，还包括非语言行为、价值观或者价值取向、政治修辞、翻译等。而跨文化培训历来是被西方视为整合多元文化社会冲突、实现主流价值观和社会意识规制、实现有效跨文化传播的手段。美国、加拿大、德国、荷兰等国都有各自相对完整的跨文化培训教材、人员和体系，彼此的培训目标也各自针对国家和社会形势有所区别。

从拉扎斯菲尔德等人有关传播致效的"补充"视角来看，将文化培训作为国际传播意识转型和传播效果的有效延伸和补充，打破跨文化语言障碍，以人际传播、社交网络建设为起点，将跨文化传播作为思想和理论指导，国际传播作为辅助，以文化促传播，回避政治经济，多提人文，将能够有效提升国际传播能力。

随着越来越多的外国人进入中国，越来越多的中国人走向世界，如何在他们自动调适文化差异的过程中，调适文化冲突的形式，搭建文化理解的平台？通过系统有效的跨文化培训，理解文化差异、消除文化误解，避免可能发生的文化摩擦；派出经过跨文化培训的中国记者，他们不仅仅是要将国际新闻带到中国来，更重要的是要将中国文化、中国信息传出去。

第三节　跨文化传播中的国家形象塑造

国家形象是一个复杂的概念。它通过不同层次中人员、问题与机制的内在联系而得以构建、发展与传播。国家始终是国家形象塑造中的关键点。本节将主要研究在国际形象的建构、传播与塑造过程中，外交官是如何发挥积极作用的。作为政府的代表，外交官推动国家海外利益和合作关系的达成。

一、外交与外交官的渊源

外交是指一个国家为了实现其对外政策，通过互相在对方首都设立使馆，派遣或者接受特别使团，领导人访问，参加联合国等国际组织，参加政府性国际会议，用谈判、通信和缔结条约等方法，处理其国际关系的活动。外交官是主权国家及其政府的官方代表。"外交官"一词最早于19世纪出现在法语中。它起源于希腊词语diploun（折叠）和diploma（折起来的纸），这两个单词沿袭了17世纪中期"国书"（state paper）的意义。时至今日，被指定的大使会亲自将本国元首签发的国书呈递给接使国的元首，直到被国家元首认可，被指定的大使人选才可以拥有外交身份，进而参与驻地国的官方事务。

作为政府的使者，外交官在国家间传递信息已经有数百年的历史。他们负责与战时盟友协商、起草和平协定，并在特殊场合代表自己的国家。在此值得注意的是，"信使"一词在希腊语和希伯来语中同时具有神圣与世俗的双重含义。现今发现的与外交相关的文物最早可以追溯至公元前2世纪，如在埃及出土的阿马尔奈文书。文艺复兴时期（公元14～16世纪），意大利决定创设大使并设立驻外使馆，这为现代外交打下了基础。

学术界对于外交和外交文化的聚焦点主要集中在以下五个要素之上：仪式、象征、主权国家利益、权力和一些诸如和平促进等的理念。外交的专业文化可以从很多古代人工器物中显现。其中，外交官都是遵循一定的程序开展工作（协定）的。同时，通过国际公认的头衔与排序可以发现，在外交使团中存在清晰的等级制度，这可以追溯到1815年的维也纳会议和1818年的亚琛协定。在东道国，大使是最高等级的外交官。

普世外交文化理念主要取决于国际法和共享的文化模型这两大支柱。帕斯夸利曾指出普世外交文化存在的重要问题。他认为，"外交的道德标准并非普遍的、清晰可辨的，并且尽管不同文化方式都趋向共存，但是支持这些文化的是以个人主义为立场的利己主义"。诚然，外交文化并不是在真空中产生的，其受利益和国家权力的操纵。此外，外交文化不是静态的，事实上，随着时间的推移，它会根据需求和环境的改变而不断自我调整。

二、外交官如何促成国家形象创建

在驻外过程中，外交官可以通过多种活动与渠道促成国家形象的构建、推广与传播。外交官的工作对象包括驻地国官方代表、驻地国其他行业代表（商业、艺术、科学等）、驻地国公众、驻地国其他外交使团、驻地国中的本国公民。

（一）政策与原则

外交官作为本国政府的官方代表，其工作目的旨在推广其国家目标、政策及原则。一般来说，他们传递着时任政府的价值体系。使团的构成可以反映出一国在性别平等和多样性方面的政策与价值观，并可向驻地国和国际外交社会发射出强有力的信号。外交官将致力于推动他国对本国情况及预期的了解，但可能会出现一国的政策不为人知或没能被很好地接收与理解的情况。例如，为了促进国际社会对中国国情的了解并减少国际社会的批评，中国开始公布介绍本国各项政策的外皮书。一位资深外交官曾就此发表陈述："我们的工作中会有很多矛盾情绪。对此，我会直接地处理。每当我的外交官同事提及我国或我们的外交政策重点，我会试着去理解，但如果我不确定，我就会直接提问来验证我的理解。人们欣赏的是诚实与真诚。"

（二）象征

有关外交官的一个常常被提起的刻板印象是他们所做的不过是在招待会上小酌香槟、品尝美食。确实，在驻外过程中，尤其对于大使来说，招待会和晚宴是他们外交生活的重心。然而招待会上的多数对话是停留在表面的，其中只有少量新信息可能会有不同的结果。招待会、晚宴及其他代表活动是外交官们建立关系网和培养个人关系的途径，而这些关系将会在危机或危急时刻起到重要作用。

大使官邸也是外交官象征的一部分，它作为大使私人住所的同时，也是代表活动开展的会场。住宅的位置、装潢及官邸面积都会向本国及他国来宾传递信号、形成影响，包括大使本国的信息，还有驻地国家及其他国家的信息。代表预算主要依据大使馆的大小、本国的经济力量和代表的重要性而定。有些国家甚至会为大使官邸雇用本国大厨。来宾们将会品尝到原汁原味的本国菜肴（如中国菜、日本菜、印度菜），而不是国际通用菜品。

（三）大使馆拜访权限及大使馆服务

过去的几十年间，各国大使馆有了显著的变化，变得更加开放，变成更加富有服务导向性。面向的人群既包括本国公民，也包括驻地公民。大使馆提供驻地国信息，并为本国公民提供帮助。大使馆还会组织国庆庆典和其他聚会活动。各国大使馆对公民的拜访权限参差不齐，这与他们在特定国家的本国居民群体的大小规模及其他的组织与安全问题相关。美国诗人、作家林·柯芬曾经希望可以亲自邀请美国驻格鲁吉亚大使参加读书会。她解释道："我想亲自进入'我的'大使馆，去拜访在这里工作的美国人，提供我作为编辑和作家的服务，看看我能看到什么。我当时认为（现在仍认为）美国大使馆是美国的一部分。"但是她并没有成功。作为一个未经安全调查的鲁莽的访客，她被拒绝进入大使馆，只能带着遗憾离开。

大使馆处理签证申请的方式及申请人在每一个环节（如电话咨询、接待、签证官）中接受的服务情况等每一个细节，将会影响人们对大使馆和该国的看法。签证申请人与大使馆的第一次接触一般是通过电话咨询或是亲自来访。通过确保签证办事处人员充足及程序的有效性和人员的工作效率，大使馆可以为其国家赢得良好的第一印象。但令人吃惊的是，现在仍有大使馆忽视这一点，白白浪费了为国家树立积极的第一印象的机会。

（四）文化项目

艺术常常被用来搭建交流的桥梁，推广国家形象。文化活动大多数情况下是由大使馆内的文化专员或负责文化工作的大使馆工作人员来运作和组织的。各国政府会通过与地缘政治密切相关的全球性或区域性方案来指导大使馆的行为。另外，外交官夫妇有时对文化活动起着重要影响，特别是双方都有艺术背景或对艺术有特别兴趣之时。

文化活动可以以各种形式展开，从传统模式（如音乐会、观影会、读书会）到互动模式（如邀请双方艺术家合作）。组织竞赛也是其中的一种方式。例如，组织中欧高级别民间对话框架下的"中国无限创意大赛"，参赛者被邀请创作展现中欧关系的艺术作品。一些国家建立了独特的文化中心，如德国（歌德学院）、法国（法国文化协会）、英国（英国文化委员会），还有中国的孔子学院，但是也有一些国家现在还没有能力或不愿建立自己完整的文化代表中心。

（五）媒体

公众舆论由媒体逐渐塑造而成，传统与新兴媒介渠道都包括在内。外交部门正在适应这种现实变化。这一发展意味着外交部门相较于以前必须扩大目标受众，以影响公共舆论。外交部门也逐渐开始使用社交媒体，如推特和脸书。研究者已经开始分析这一趋势，如对美国驻北京大使馆的博客的分析，以及耶普森针对美国在委内瑞拉的推特外交展开的研究。

（六）外交官配偶

如果外交官的配偶决定陪同外交官派驻海外，那么他们也将在提升国家形象方面起到重要作用。以前，成为一位外交人员的配偶就意味着放弃自己的事业，而现在越来越多的外交人员配偶开始寻找适合自己的专业工作。这可能也得益于外交部政策的转变，如废除禁止外交官配偶在驻外期间工作的规定，与他国达成协议帮助外交官配偶在驻地国寻找工作。因此，外交官夫妇通常成为双职工夫妇。拥有工作的外交官配偶也是一种强有力的信号，反映着一个国家的价值体系。

无论外交官配偶是否决定在驻外期间继续工作，他们都将会支持外交官进行外交工作。通常外交官配偶，特别是大使配偶，其职责是陪同外交官出席官方活动、作为主人主持招待会或促使其他活动顺利进行。另外，许多国家的首都都存在外交官配偶联合会，他们通常组织定期聚会、举办文化活动和面向当地的慈善活动。

传统上这些组织全部由女性构成，随着女外交官的配偶逐渐加入，这些组织变得更具多样性。外交官配偶所做的贡献常常被人们忽视，更为严重的是，他们的潜力未能得到充分的利用。在欧盟外交事务配偶协会最近的一份新闻稿中，瓦夫里克认为，欧盟外交官的配偶可以超越他们的传统功能，成为欧盟公共外交策略的谨慎财产、助推器和潜在行动者，在新的欧盟公共外交战略中起到超越其传统意义的作用。

第四节　中国文化影响力的有效传播

中国对外应该树立的国家形象是和平的使者，同时需要采取多方面措施将这一形象传播出去，从而让世界上更多的人认识和了解中国以及中华文化。当前，中国作为维护世界稳定发展的一支重要力量，必须树立和形成良好的海外国家形象。为此，对中国文化影响力提升过程中国家形象的有效传播应该重点采取如下几种措施。

一、从整体上构建大传播战略

首先，需要对当前以及未来一段时间内中国国家形象的确立有一个准确的定位，从多方面进行考虑，国家形象的定位不仅要具有世界眼光和大局意识，而且要具有大国的胸襟与责任，着眼于人类的共同发展这一长远目标。从这一层面而言，中国国家形象在整体上可以从如下方面进行定位：①政治层面上应该成为构建社会发展的典范。②经济层面上应该成为世界发展潮流的引领者和中坚力量。③文化层面上应该成为当代发展和谐社会的主要代表。④外交层面上应该成为推动世界互利共赢的支柱。⑤科技层面上应该成为技术创新领域的源头。⑥文明层面上应该成为世界文化发展与繁荣的堡垒。⑦军事层面上应该成为维护世界和平与发展的重要力量。⑧国民层面上应该成为热爱国家与和平的优秀民族。

在上述框架的基础上，中国应该积极推进和传播"美丽中国"的信念，从社会的宏观层面和微观层面落实"美丽中国"的行为准则，并为这一目标的真正实现而努力。

二、拓展多维度立体式跨文化传播

既要重视国家和政府有目的的形象建构与传播行为，也要重视非政府组织与公民个人在跨文化交际活动中给国家形象增添的筹码。例如，国家的国有或私营公司海外经营、公民海外旅游、各类人员的海外工作的形象，往往会被放大为该国的国家形象。既要重视传统媒体，尤其是报纸、电视、电影的作用，也要重视新媒体空间对国家形象的建构与传播带来的新挑战。

当前，互联网的广泛使用已经将跨文化的传播推向了无国界的境地，简单来说，国家的每一个网民都是该国国家形象的代言人，人们在网络上的行为举止一不小心就会触发一场国家形象的舆论大战。

三、开展区域国别的深度研究

要大力推进国外文化的研究，尤其是不同国别、区域、民族文化的研究。世界诸国文化千姿百态，民族文化更是风采万千。当前，我们仅以英语来应对拥有数千种语言的世界已难以为继，仅以西方英美文化的研究来审视复杂多样的世界，显然难以把握其他文化的真实面貌。世界诸国语言的多样性、文化的多元性要求我们应该培养更多使用外语的人才，锻造更多的了解、熟悉和掌握对方文化的行家和专家。

长期以来，我们过于强调英美、重视欧洲语言与文化的理念，在今后的发展中将无法满足同全世界国家和人民交流的需要。除了英美文化学者，我们同样需要拥有非洲文化、东北亚文化、东南亚文化、中亚文化、南美文化等区域文化的学者，更需要能够运用当地语言和文化进行有效沟通的有识之士。

当今世界早已进入传播时代，国家形象的对外传播需要依托典型的文化载体或符号。我国国家形象的建构与传播，需要设计和建设各式各样的重要产品，并使它们成为中国形象的代表。

首先，创办或举办世界性、国际性或区域性的重大活动。

其次，制造重要的行销全球的工业产品。

再次，输出能被世界人民喜爱的文化艺术产品。

最后，把跨文化传播的产业做大做强。

文学作品、舞蹈、歌曲、绘画是其中的必要部分，电影、电视剧更是其中的重要内容；由于动画片往往能得到男女老少的喜爱，因此动漫产业也应该成为国家形象的重要建设领地。

要重视国家文化符号的建设，把它们与国家的经济实体联系在一起，例如，功夫（太极）、熊猫、茶、中国饮食、京剧、瓷器等符号。这些符号已经在过去几千年的历史中随着中国文化远销海外，如同可口可乐一般，为全世界所熟悉、所接受，甚至影响了全世界，为世人所钟爱。

我们还要重视新的文化符号产出。我们更要重视具有时代特色的现代符号设计和产出。这需要发挥民族的特色，也要了解世界的需求，更要注意创新性和时代性的魅力。我们常说，"民族的也是世界的"，但世界已经经过了长时间的交流，当下有创新意义的、符合新世纪时代要求的符号才更可能是世界的。

四、创建中国特色的国际话语体系

做好中国国家形象的跨文化传播，一个重要方面是要提出有特色的话语体系。国家形象既是个抽象的问题，也是个可以落实到具体实物的事物。①要针对中国国家形象的特点，用吸引世界人民的故事和可接受的叙事模式，用世界所关心的话题内容，用世界能听得懂的话语风格，设置中外方都能参与的议程，建构和传播中国形象。②要根据不同文化和语言的特点，设置特定的传播内容、话语框架、话语表达。③要加强世界重要媒体的话语推进模式和话语核心词的研究。

　　应该指出的是，中西方存在着明显的思维方式差异、文化差异与话语表达的差异。这些差异经过长期的积累会集中体现为民众对许多事物的认知差异。再加上国民关心的问题可能不完全一致，而且双方并不完全了解，甚至还有误解。因此，用什么话语，传播什么内容，在什么时候传播，在什么地方传播，都非常值得研究和探索。

参考文献

［1］房玉靖，姚颖.跨文化交际实训 [M].北京：对外经济贸易大学出版社，2020.

［2］任晓霏，刘锋，余红艳，等.跨文化交际与国际中文教育 [M].南京：东南大学出版社，2019.

［3］许丽云，刘枫，尚利明.大学英语教学的跨文化交际视角研究与创新发展 [M].北京：中国商务出版社，2020.

［4］李晓红.跨文化交际 [M].杭州：浙江大学出版社，2020.

［5］顾曰国.跨文化交际 [M].北京：外语教学与研究出版社，2000.

［6］安小可.跨文化交际 [M].重庆：重庆大学出版社，2019.

［7］余卫华，谌莉.跨文化交际教程 [M].杭州：浙江大学出版社，2019.

［8］杨莉.跨文化交际翻译教程 [M].北京：中国纺织出版社，2020.

［9］黄净.跨文化交际与翻译技能 [M].天津：天津大学出版社，2019.

［10］王国华.英语思维与跨文化交际能力研究 [M].北京：北京日报出版社，2019.

［11］刘涵.英语人才跨文化交际能力研究 [M].北京：知识产权出版社，2019.

［12］张韶岩.中日跨文化交际实用教程 [M].上海：华东理工大学出版社，2019.

［13］谭焕新.跨文化交际与英汉翻译策略研究 [M].北京：中国商业出版社，2019.

［14］隋虹.跨文化交际：理论与实践 [M].武汉：武汉大学出版社，2018.

［15］刘重霄，刘丽.跨文化交际实训（双语）[M].北京：对外经济贸易大学出版社，2018.

［16］蔡静.跨文化交际阅读文本 [M].济南：山东大学出版社，2018.

［17］孙静波，贾颖，杨润芬，等.任务型跨文化交际 [M].北京：知识产权出版社，2010.

［18］郑春华.跨文化交际与英语文化教学 [M].北京：国家行政学院出版社，2018.

［19］胡蝶.跨文化交际下的英汉翻译研究 [M].长春：东北师范大学出版社，2018.

［20］于瑶.现代商务英语的跨文化交际与应用 [M].长春：吉林大学出版社，2018.